스마트폰

활용

이 책의 구성

03 스마트폰 비서를 설정하자

- 인공지능 스피커
- 구글 어시스턴트
- 사용자 음성 인식시키기
- 인공지능 스피커 원리 이해하기
- 다양한 명령 실행해 보기

미·리·보·기

요즘은 일상생활에서 쉽게 인공지능(AI) 서비스를 만나볼 수 있습니다. 집집마다 설치되어 있는 인터넷 통신사별 인공지능 스피커를 통해 음성으로 TV를 켰다 끄거나 긴급 SOS를 요청하는 등 다양한 음성 인식 서비스를 이용할 수 있습니다. 스마트폰에도 인공지능 서비스가 기본으로 탑재되어 있습니다. 안드로이드폰에는 '구글 어시스턴트'라는 인공지능 비서 서비스가 있어 음성으로 문자를 보내거나 알림을 설정할 수 있습니다.

33

학습 포인트 ✍

이번 장에서 학습할 핵심 내용을 소개합니다.

미리보기 ✍

학습 결과물을 미리 살펴봅니다.

참고

본 도서의 실습 과정은 안드로이드 10 버전의 삼성 스마트폰을 기준으로 설명하고 있습니다. 스마트폰의 운영 체제와 앱의 버전에 따라 용어, 이미지, 실습 과정 등이 교재와 다를 수 있습니다.

예제 따라 하기 ✍

실생활에서 활용할 수 있는 예제를 순서대로 따라 할 수 있도록 구성하여 누구나 쉽게 이해하고 기능을 습득할 수 있습니다.

잠깐 ✍

본문에서 다루지 못한 내용이나 알아두면 유용한 내용을 설명합니다.

02 EPIK-에픽 앱으로 사진 편집하기

▶ EPIK-에픽 앱 설치하기

01 홈 화면에서 [Play 스토어(▶)] 앱을 터치합니다. Play 스토어가 실행되면 검색 창에 '사진편집'을 입력합니다. 관련 앱 목록이 나타나면 그중 [EPIK – AI 사진 & 영상 편집]을 터치합니다.

[설치] 버튼을 터치하여 설치를 진행한 후 EPIK-에픽(ⓔ) 앱을 실행합니다. 안내 창의 'EPIK 이용약관에 동의', 'EPIK 유료 이용약관에 동의', 'EPIK 개인정보 수집 및 이용에 동의'에 체크하고 [계속] 버튼을 터치합니다.

홈 화면이나 앱스 화면에서 [EPIK-에픽(ⓔ)] 앱을 터치하여 앱을 실행할 수 있습니다.

9

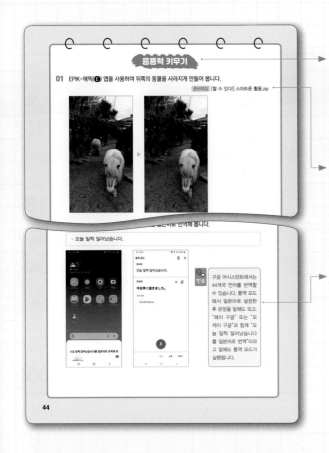

✎ 응용력 키우기

응용문제를 통해 본문에서 학습한 내용을
정리하고 복습합니다.

✎ 준비파일

응용문제에서 실습하는 파일명입니다. 시대인
게시판에서 다운로드한 후 사용하세요.

✎ 힌트

응용문제를 푸는데 필요한 정보 또는 방법을
안내합니다.

예제파일 다운로드

1 시대인 홈페이지(www.sdedu.co.kr)에 접속한 후 로그인합니다.
※ '시대' 회원이 아닌 경우 [회원가입]을 클릭하여 가입한 후 로그인을 합니다.

2 홈페이지 상단의 메뉴에서 [프로그램]을 선택합니다.

3 프로그램 자료실 화면이 나타나면 책 제목을 검색합니다. 검색된 결과 목록에서 해당 도서
의 자료를 찾아 제목을 클릭합니다.

4 관련 페이지가 열리면 '[할 수 있다!] 스마트폰 활용.zip'을 클릭하여 예제 파일을 다운로드
한 후 압축을 풀어 학습합니다.

이 책의 목차

01 나도 이제 사진 편집 전문가

- EPIK–에픽 앱 설치하기
- 부분 지우개 사용하기
- 사진 자르기
- 사진 배경 바꾸기
- 사진 모자이크하기
- 사진 AI 필터 적용하기
- 사진 스티커로 꾸미기

미/리/보/기

전문적인 편집 프로그램을 다룰 줄 몰라도 스마트폰으로 충분히 전문가처럼 사진을 편집할 수 있습니다. 스마트폰에 기본으로 설치되어 있는 사진 편집 앱을 사용해도 좋지만, 각종 필터와 스티커 등을 무료로 사용할 수 있는 앱을 설치하여 조금 더 디테일하게 사진을 편집해 보겠습니다.

사진 편집 앱의 종류

▶ 포토 에디터 앱

안드로이드폰에는 기본 사진 편집 앱으로 '포토 에디터 앱'이 설치되어 있습니다. 갤러리 앱에서 편집할 사진의 편집(✐) 아이콘을 터치하면 포토 에디터 앱이 실행됩니다. 포토 에디터 앱의 자동 보정 기능으로 쉽고 빠르게 사진을 편집할 수 있으며 사진의 크기를 원하는대로 자르거나 스티커, 텍스트, 그리기 등의 기능으로 사진을 꾸밀 수 있습니다.

스마트폰의 버전이 업데이트될 때마다 포토 에디터 앱도 함께 업데이트되어 더 다양한 기능을 사용할 수 있습니다. 하지만 버전이 낮은 스마트폰의 경우 업데이트된 포토 에디터 앱이 제공되지 않아 새로운 기능을 사용할 수 없다는 단점이 있습니다.

▲ 사진에서 편집 기능 선택

▲ 포토 에디터 앱에서 사진 편집

▶ EPIK-에픽 앱

EPIK-에픽 앱은 SNOW(스노우) 앱 제작사에서 만든 사진 편집 앱입니다. 사진의 색감을 보정하거나 사진을 자르는 기본적인 편집부터 사진 속 사람을 감쪽같이 지우거나 모자이크 또는 스티커로 사진을 꾸미는 등의 편집을 할 수 있습니다. 이외에도 다양한 기능을 무료로 사용할 수 있으며 한국에서 만든 앱이기 때문에 한글 폰트를 잘 활용할 수 있다는 장점이 있습니다.

▲ 사진 조정

▲ 사진 자르기

▲ 부분 지우개 기능

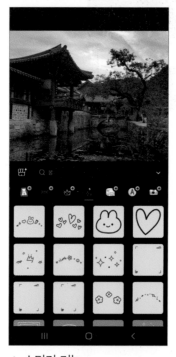

▲ 스티커 기능

▶ EPIK-에픽 앱 설치하기

01 홈 화면에서 [Play 스토어(▶)] 앱을 터치합니다. Play 스토어가 실행되면 검색 창에 '사진편집'을 입력합니다. 관련 앱 목록이 나타나면 그중 [EPIK – AI 사진 & 영상 편집]을 터치합니다.

02 [설치] 버튼을 터치하여 설치를 진행한 후 EPIK-에픽(E) 앱을 실행합니다. 안내 창의 'EPIK 이용약관에 동의', 'EPIK 유료 이용약관에 동의', 'EPIK 개인정보 수집 및 이용에 동의'에 체크하고 [계속] 버튼을 터치합니다.

 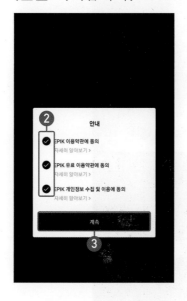

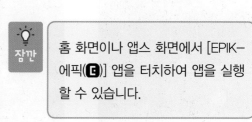
잠깐
홈 화면이나 앱스 화면에서 [EPIK-에픽(E)] 앱을 터치하여 앱을 실행할 수 있습니다.

▶ 부분 지우개 사용하기

01 유료 버전 구매 창이 나타나면 창을 닫고 EPIK-에픽 앱의 광고성 수신도 거부합니다.

02 사진을 편집하기 위해 [편집 시작] 버튼을 터치합니다. 사진, 미디어, 파일에 액세스하도록 허용해 달라는 창이 나타나면 [허용]을 터치합니다. 사진 선택 화면에서 **편집할 사진**을 선택합니다.

03 아래 메뉴 중 [도구] – [부분 지우개]를 터치하고 크기 슬라이드 바를 드래그하여 부분 지우개의 크기를 설정합니다.

04 사진에서 지우고 싶은 부분을 **부분 지우개**로 드래그합니다. 불필요한 부분을 지운 사진이 마음에 들면 아래쪽의 ☑를 터치합니다.

 최신 버전의 안드로이드폰이라면 기본 사진 편집 앱(포토 에디터 앱)에서 부분 지우개 기능을 사용할 수 있습니다. 하지만 이전 버전의 안드로이드폰이나 아이폰을 사용하고 있다면 EPIK-에픽 앱을 설치하는 것이 좋습니다.

05 사진을 저장하려면 오른쪽 상단의 ☑를 터치하여 사진을 저장합니다.

▶ 원하는 크기로 사진 자르고 배경 넣기

원하는 크기로 사진 자르기

01 [다른 사진 편집] 버튼을 터치하여 편집할 사진을 불러옵니다. 아래 메뉴 중 [도구] – [자르기]를 터치합니다.

02 여러 가지 비율의 자르기 메뉴 중 [정사각형]을 선택합니다. 사진이 정사각형 비율로 조정되면 **자르기 선을 드래그**하여 원하는 크기로 조절합니다. 마음에 들게 사진이 잘렸으면 ■✓를 터치합니다.

 인스타그램용 비율이란 인스타그램에 사진을 업로드하기 최적화된 비율입니다. 인스타그램에 대한 자세한 내용은 '06장'에서 다루겠습니다.

사진에 배경을 넣어 꾸미기

01 사진에 배경을 넣어 꾸밈 효과를 주기 위해 아래 메뉴 중 [배경] – [사진]을 터치한 후 [불러오기]를 터치합니다.

배경

사진에 배경을 추가할 때 사용하는 기능으로 [비율], [색상], [사진], [패턴] 네 가지 메뉴가 있습니다. [비율]은 사진의 비율을 조절할 때 사용하고, [색상]은 배경에 색상을 넣을 때 사용합니다. [사진]은 앱에서 제공하는 샘플 사진이나 가지고 있는 사진을 배경으로 넣을 수 있고, [패턴]은 앱에서 제공하는 패턴의 크기, 간격 등을 조정해 배경에 넣을 수 있으나 대부분 유료로 제공됩니다.

02 샘플 사진 중에서 원하는 사진을 선택하면 편집한 사진 뒤에 배경으로 나타납니다. 배경이 마음에 들면 ⬇를 터치하여 사진을 저장합니다.

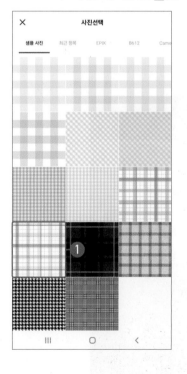 

▶ 사진의 일부분 모자이크하고 스티커로 꾸미기

사진의 일부분 모자이크 처리하기

01 사진의 일부분을 모자이크 처리하는 방법을 알아보겠습니다. 모자이크할 사진을 불러온 후 아래 메뉴 중 [도구] – [모자이크]를 터치합니다. 다양한 모자이크 모양 중 하나를 선택하고 크기를 설정한 후 얼굴 위에 드래그합니다. 블러 처리한 것처럼 흐려집니다.

02 다른 모자이크 모양을 선택합니다. 크기를 설정하고 얼굴 부분을 드래그한 후 ■를 터치합니다. 오른쪽 상단의 ⬇를 터치하여 사진을 저장합니다.

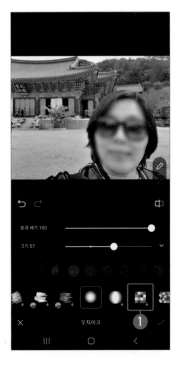

AI 필터 효과 주고 스티커로 꾸미기

01 만화 주인공처럼 필터 효과를 줄 사진을 불러온 후 아래 메뉴 중 [AI 필터]를 터치합니다. [만화 필터]를 선택하고 다양한 필터 중 [애니메이션]을 선택합니다.

잠깐

[AI 필터]에서 [얼굴 표정]은 인물의 표정을 바꾸거나 보조개나 쌍커풀과 같은 외적인 요소를 바꿔 주는 기능이고, [만화 필터]는 애니메이션, 3D 캐릭터, 제페토 등의 필터를 얼굴에 적용하는 기능입니다. Pro 로 표시되어 있는 필터는 유료로 구매한 후 사용할 수 있습니다.

02 ✓를 터치하여 애니메이션 필터를 적용합니다. 스티커를 추가하여 꾸미기 위해 아래 메뉴 중 [스티커]를 터치합니다.

03 상단의 메뉴에서 스티커 카테고리를 선택하면 해당 카테고리와 관련된 스티커가 나타 납니다. 카테고리 중 하나를 터치하고 마음에 드는 스티커를 선택합니다. 삽입한 스티커 를 드래그하여 옮기고 크기를 조절한 후 [편집]을 터치합니다.

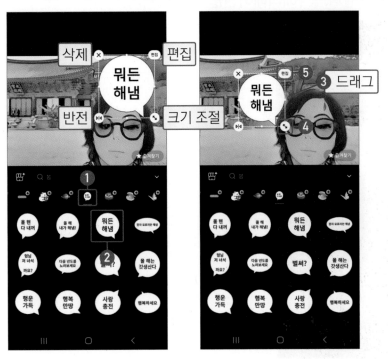

04 삽입한 스티커의 편집 메뉴가 나타나면 [추가]를 터치합니다. 다른 스티커를 추가한 후 스티커의 바깥쪽을 터치하여 선택을 해제하고 ▽를 터치하여 스티커 메뉴를 접습니다. ⬇를 터치하여 사진을 저장합니다.

01 EPIK-에픽(**E**) 앱을 사용하여 뒤쪽의 동물을 사라지게 만들어 봅니다.

준비파일 [할 수 있다!] 스마트폰 활용.zip

 ▷

02 EPIK-에픽(**E**) 앱을 사용하여 '5:4' 비율로 사진을 자르고 스티커로 사진을 꾸며 봅니다.

 ▷

02 클라우드에 사진 저장하기

- 네이버 MYBOX 앱 설치하기
- 사진 자동 올리기
- 사진 직접 올리고 내려받기
- 사진 삭제 후 복원하기
- 공유 앨범 만들어 사진 공유하기

미/리/보/기

스마트폰의 저장 공간을 확보하기 위해 용량이 큰 사진은 클라우드에 저장해 놓는 것이 좋습니다. 구글, 마이크로소프트, 네이버 등 IT 기업에서 다양한 클라우드 서비스를 제공하고 있습니다. 이번 장에서는 네이버의 클라우드 서비스 'MYBOX'를 알아보겠습니다. MYBOX는 사진 자동 올리기, 다른 사람에게 앨범 형태로 사진 공유하기 등의 다양한 기능이 있어 유용합니다.

▶ 클라우드

클라우드(cloud)는 '구름'을 뜻합니다. 클라우드에 사진 및 자료를 업로드하면 개인 컴퓨터 드라이브에 저장되는 것이 아닌 클라우드 회사의 중앙 컴퓨터에 저장됩니다. 보통 클라우드 회사의 중앙 컴퓨터를 '서버'라고 하는데 이 서버를 구름 모양으로 표시하기 때문에 클라우드 라고 부르고 있습니다. 클라우드에 사진 및 자료를 보관해두면 언제 어디서나 필요할 때 불러올 수 있기 때문에 많은 사람이 클라우드 서비스를 이용하고 있으며 클라우드 회사는 서버의 보안 관리를 철저히 하고 있습니다.

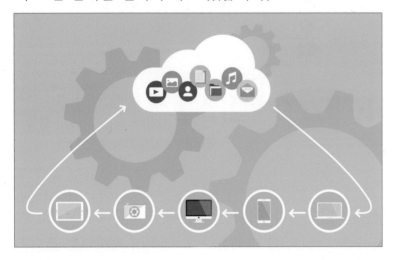

▶ 네이버 MYBOX

네이버의 클라우드 서비스인 MYBOX는 '자동 올리기 기능이 있어' 사진 및 자료를 편리하게 보관할 수 있습니다. MYBOX에 보관한 사진 및 자료는 언제 어디서든 다운로드할 수 있고 여러 사람에게 공유할 수 있습니다. 또한 사진을 감상하거나 문서를 조회하고 편집하는 등의 기능도 사용할 수 있습니다.

네이버 MYBOX는 최대 30GB의 용량을 무료로 제공하고 있습니다. 만약 30GB 이상의 용량을 사용하고 싶다면 네이버 멤버십에 가입하여 이용권을 구매해야 합니다.

나의 저장창고, 네이버 MYBOX

▶ 네이버 MYBOX 앱 설치하기

01 Play 스토어(▶) 앱을 실행합니다. 검색 창에 '마이박스'를 입력합니다. 관련 앱 목록이 나타나면 그중 '네이버 MYBOX'의 [설치] 버튼을 터치하여 설치를 진행합니다. [열기] 버튼을 터치하여 네이버 MYBOX(◉) 앱을 실행합니다.

> **잠깐**
> 설치 후에는 홈 화면이나 앱스 화면에서 [네이버 MYBOX(◉)] 앱을 터치하여 실행할 수 있습니다.

02 MYBOX 이용을 위한 앱 접근 권한 안내 창을 읽고 [확인] 버튼을 터치합니다. 사진, 미디어, 파일에 액세스 허용 창이 나타나면 [허용]을 터치합니다. 네이버 계정으로 로그인합니다.

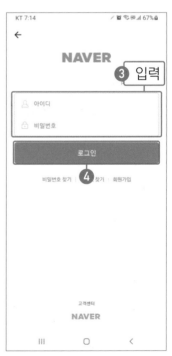

03 '자동 올리기 사용' 설정 그대로 [확인] 버튼을 터치합니다. '자동 올리기'와 관련된 설정 사항을 확인한 후 기본 선택 사항 그대로 [확인] 버튼을 터치합니다.

04 자동 올리기 설정 완료 창의 [확인]을 터치하고 홍보 창은 [다시 보지 않기]를 터치하여 닫아 줍니다. 네이버 MYBOX 앱의 첫 화면이 나타납니다.

▶ 사진 자동 올리기로 스마트폰 사진 백업하기

01 '자동 올리기'의 설정을 변경하기 위해 오른쪽 상단의 ⊖를 터치합니다. 나타난 창에서 ⚙를 터치합니다.

02 [올리기/내려받기] – [자동 올리기]를 터치합니다. 사진을 선택한 후 자동으로 올리기 위해 [선택 후 자동 올리기]를 터치해 활성화합니다.

허용할 경우 데이터 사용료 발생

 잠깐

[모바일 네트워크 자동 올리기 허용]을 활성화하지 않으면 와이파이 접속 시에만 네이버 MYBOX 앱에 사진을 올릴 수 있습니다.

03 스마트폰으로 사진을 찍은 후 와이파이 상태에서 네이버 MYBOX(◉) 앱을 실행하면 자동 올리기 파일 선택 화면이 나타납니다. 먼저 [선택 취소]를 터치합니다. 자동으로 올릴 사진만 다시 선택하고 하단의 '올리지 않은 파일은 기기 갤러리에서도 삭제하기'에 체크한 후 [올리기] 버튼을 터치합니다.

 '올리지 않은 파일은 기기 갤러리에서도 삭제하기'에 체크하고 사진을 올리면 내 갤러리에 있는 사진이 삭제됩니다. 내 갤러리에 사진을 남기고 싶다면 체크를 해제하고 사진을 올리는 것이 좋습니다.

04 선택한 사진만 자동으로 올라간 후 네이버 MYBOX 앱에 올리지 않은 사진은 내 갤러리에서 삭제됩니다.

▶ 사진 직접 올리고 내려받기와 사진 삭제 후 복원하기

사진 직접 올리기

01 사진을 직접 올리기 위해 ➕를 터치합니다. 갤러리에 있는 사진을 올리기 위해 올리기 창에서 [갤러리]를 선택합니다.

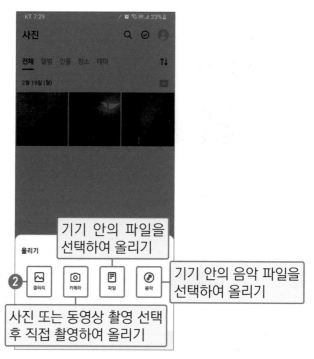

기기 안의 파일을 선택하여 올리기

기기 안의 음악 파일을 선택하여 올리기

사진 또는 동영상 촬영 선택 후 직접 촬영하여 올리기

02 네이버 MYBOX에 올릴 사진 또는 동영상을 모두 선택하고 폴더를 지정한 후 올리기 위해 [위치 변경]을 터치합니다. 위치 선택 화면에서 새 폴더를 만들기 위해 🗁⁺를 터치합니다.

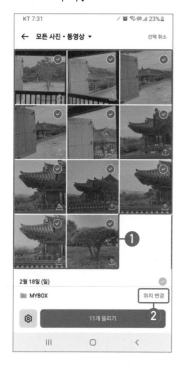

잠깐 사진을 올릴 때 사진을 길게 누른 후 드래그하면 여러 장의 사진을 한꺼번에 선택할 수 있습니다.

03 새폴더 만들기 창에 폴더 이름을 '여행'이라고 입력하고 [확인]을 터치합니다. [선택 완료] 버튼을 터치합니다.

04 [올리기] 버튼을 터치하면 선택한 사진들이 '여행' 폴더로 전송됩니다. ☒를 터치하여 올리기·내려받기 창을 닫습니다.

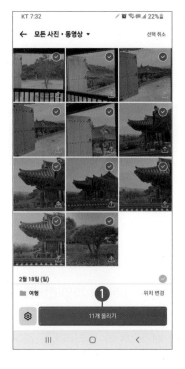 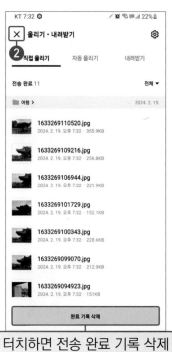

터치하면 전송 완료 기록 삭제

사진 내려받기

01 네이버 MYBOX 앱에서 다운로드할 사진을 선택하기 위해 오른쪽 상단의 ⊘를 터치합니다. 사진을 선택한 후 하단의 [내려받기]를 터치합니다.

선택 시 해당 날짜 사진 및 동영상 모두 선택

02 선택한 사진의 다운로드가 진행됩니다. [보관함]을 터치하면 다운로드한 사진의 목록이 나타납니다.

터치

 **잠깐** 다운로드한 사진은 내 파일(▢) 앱의 '내장 메모리 〉 Download 〉 NAVER MYBOX'와 갤러리(✿) 앱에서 확인할 수 있습니다.

PC에서 다운로드한 파일을 스마트폰에서 바로 확인하기

PC에서 네이버 메일의 첨부파일을 다운로드할 때 [네이버 MYBOX(◎)] 아이콘을 클릭하여 바로 네이버 MYBOX에 다운로드합니다. 스마트폰의 네이버 MYBOX(◎) 앱을 실행하여 [파일]을 터치하면 PC에서 다운로드한 파일을 확인할 수 있습니다. 한글 파일이나 다른 오피스 파일도 네이버 MYBOX 앱을 통해 확인과 편집이 가능합니다.

사진 삭제하고 복원하기

01 사진을 삭제하기 위해 오른쪽 상단의 ⊘를 터치합니다. 삭제할 사진을 선택하고 하단의 [삭제]를 터치합니다. 삭제하기 창에서 삭제된 항목은 휴지통으로 이동된다는 내용을 읽은 후 [삭제]를 터치합니다.

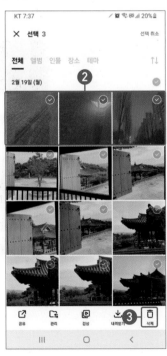
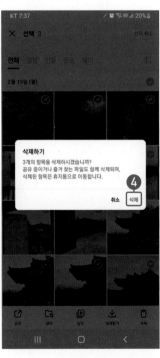

02 하단에 삭제 알림 메시지의 [휴지통 확인]을 터치합니다. 휴지통으로 이동하면 삭제한
사진을 확인할 수 있습니다.

 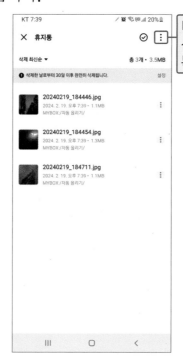

터치하여 [휴지통 비우기]를
선택하면 삭제한 파일을 다시
복원할 수 없습니다.

잠깐

네이버 MYBOX 앱의 휴지통
오른쪽 상단의 👤를 터치하고 [휴지통]을 터치하면 휴지통으로 이동할
수 있습니다.

03 휴지통에서 삭제한 사진을 복원하려면 먼저 오른쪽 상단의 ⊘를 터치합니다. 복원할 사
진을 선택하고 하단의 [복원]을 터치한 후 상단의 ☒를 터치하여 휴지통을 닫습니다. 삭
제한 사진이 복원된 것을 확인할 수 있습니다.

▶ 공유 앨범으로 사진 공유하기

01 네이버 MYBOX 앱에서는 사진을 날짜별 슬라이드쇼로 감상할 수 있습니다. 감상하려는 사진의 날짜 옆에 있는 ▶를 터치합니다. 자동으로 배경음악이 흐르고 슬라이드쇼가 진행됩니다. 배경음악과 슬라이드쇼의 속도를 변경할 수 있습니다.

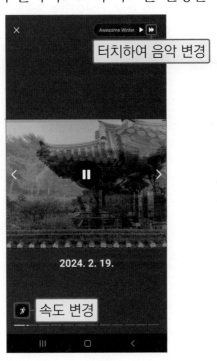

02 나의 사진을 다른 사람에게 공유하기 위해 오른쪽 상단의 ⊘를 터치합니다. 공유할 사진을 모두 선택하고 하단의 [공유]를 터치하면 공유할 수 있는 다양한 앱이 나타납니다. 앨범 형태로 공유하기 위해서 [링크 공유]를 선택합니다.

공유할 수 있는 앱은 사용자의 스마트폰에 설치된 앱에 따라 다를 수 있습니다. 공유 앨범 외에 다른 앱을 선택하여 공유하면 앨범 형태가 아니라 각각의 사진으로 공유됩니다.

03 공유 앨범의 URL 주소가 생성되었습니다. [메일]을 선택한 후 받는사람의 메일 주소를 입력하여 전송합니다.

04 공유 앨범의 URL 주소를 받은 사람은 URL 주소를 터치하여 공유 앨범을 볼 수 있습니다. 공유 앨범의 ▶를 터치합니다.

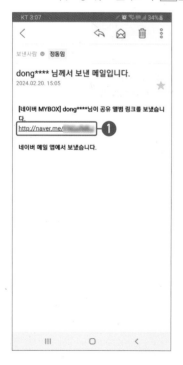 

05 공유받은 사람의 스마트폰에 네이버 MYBOX 앱이 없더라도 공유 앨범을 감상할 수 있습니다. 공유 앨범의 URL 주소를 메일로 보냈기 때문에 인터넷에서도 URL 주소를 클릭해 공유 앨범을 감상할 수 있습니다.

 잠깐

공유

공유한 앨범을 확인하려면 하단의 [공유]를 터치합니다. 공유 화면에서 [공유받은] 탭을 터치하면 다른 사람에게 공유받은 앨범을 볼 수 있고, [공유한] 탭을 터치하면 내가 공유한 앨범을 볼 수 있습니다.

01 여러 장의 사진을 찍은 후 네이버 MYBOX(⦿) 앱에 '선택 후 자동 올리기'로 3장만 올려 봅니다.(단, '올리지 않은 파일은 기기 갤러리에서도 삭제하기'에 체크합니다.)

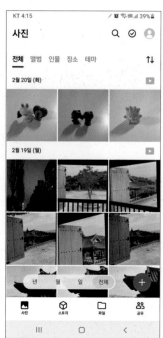

02 01에서 올린 사진을 공유 앨범으로 만든 후 카카오톡(💬) 앱으로 친구들에게 공유해 봅니다.

03 스마트폰 비서를 설정하자

- 인공지능 스피커
- 구글 어시스턴트
- 사용자 음성 인식시키기
- 인공지능 스피커 원리 이해하기
- 다양한 명령 실행해 보기

미/리/보/기

요즘은 일상생활에서 쉽게 인공지능(AI) 서비스를 만나볼 수 있습니다. 집집마다 설치되어

있는 인터넷 통신사별 인공지능 스피커를 통해 음성으로 TV를 켰다 끄거나 긴급 SOS를

요청하는 등 다양한 음성 인식 서비스를 이용할 수 있습니다. 스마트폰에도 인공지능 서

비스가 기본으로 탑재되어 있습니다. 안드로이드폰에는 '구글 어시스턴트'라는 인공지능

비서 서비스가 있어 음성으로 문자를 보내거나 알람을 설정할 수 있습니다.

▶ 인공지능(Artificial Intelligence)

인공지능은 컴퓨터 프로그램을 이용해 인간의 인지·추론·판단 능력 등을 인공적으로 구현하려는 기술입니다. 영어로 'Artificial Intelligence'를 줄여서 흔히 'AI'라고 부릅니다. 아직까지는 저장된 정보를 바탕으로 정해진 상황에서 작업을 수행하고 인간과 간단한 대화를 나누는 수준이지만, 앞으로는 문제 상황에서 스스로 판단하여 문제를 해결하는 수준까지 발전할 것입니다.

최근에는 생활 속에서 인공지능을 쉽게 접할 수 있습니다. 식당에서 서빙하는 로봇, 레시피를 알려주는 냉장고, 혼자 있을 때 말동무가 되어 주는 스피커, 구글 어시스턴트 등이 생활 속에서 쉽게 접할 수 있는 인공지능입니다.

 잠깐

사물인터넷(Internet of Things)
사물인터넷이란 세상의 모든 사물이 네트워크로 연결되어 서로 정보를 주고받아 새로운 서비스를 제공하는 것입니다. 영어로 'Internet of Things'를 줄여서 흔히 'IoT'라고 합니다. 사물인터넷은 4차 산업혁명을 선도하는 핵심기술입니다. 이전에는 컴퓨터나 스마트폰에만 인터넷이 연결되어 있었지만 앞으로는 모든 사물에 인터넷을 연결하여 이를 통해 얻은 빅데이터를 인공지능으로 분석하고 활용하게 될 것입니다. 사물인터넷은 스마트 스피커, 스마트 자동차, 스마트 홈, 스마트 아파트 등 현재 우리 주변에서 다양하게 활용되고 있습니다.

① 인공지능 스피커

음악을 감상하거나 라디오를 청취하기 위해 사용되던 스피커가 이제는 단순히 음향 기기를 넘어 스마트 도구로 발전하고 있습니다. 스마트폰의 음성 인식 기술과 인공지능 기술을 합쳐 말하는 것으로 제어하고 명령을 내릴 수 있게 만든 인공지능 스피커가 그 사례입니다.

'구글 홈'은 2016년에 개발된 구글 어시스턴트를 기반으로 한 인공지능 스피커입니다. 스마트폰뿐만 아니라 집안 전체의 스마트 기기를 제어할 수 있어 사용자의 목소리만으로 집안의 기기를 편리하게 제어할 수 있습니다.

▲ 구글 홈(Google Home)

② 구글 어시스턴트

구글 어시스턴트는 사용자의 요구나 질문을 파악한 후 문자 전송, 알람 설정, 음악 재생 등을 수행하는 스마트폰 인공지능 비서 서비스입니다. 구글 어시스턴트는 사용자의 음성 모델을 스마트폰에 저장하여 다른 사람의 음성과 구분하고 사용자의 음성에만 반응합니다. 구글 어시스턴트를 사용하면 손을 대지 않고 각종 명령을 실행할 수 있습니다.

▲ 구글 어시스턴트

02 구글 어시스턴트 훈련시키기

▶ 구글 어시스턴트 설정하기

01 [홈] 버튼을 길게 터치해 구글 어시스턴트를 열고 [마이크]를 터치합니다. "어시스턴트 설정"이라고 말해 봅니다. Google 어시스턴트 설정을 열려면 "Google 어시스턴트 설정"이라고 말하거나 '설정'을 터치하라고 안내됩니다.

02 [설정] 버튼을 터치합니다. 음성으로 구글 어시스턴트를 사용하기 위해 [Hey Google 및 Voice Match]를 터치합니다.

03 화면이 꺼져 있을 때도 구글 어시스턴트를 사용할 수 있도록 [Hey Google]을 터치하여 활성화합니다. "Hey Google"로 어시스턴트 사용하기 화면에서 [더보기] 버튼을 터치합니다.

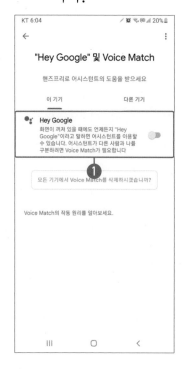

04 Voice Match 사용에 동의하는 화면에서 [동의] 버튼을 터치합니다. 어시스턴트가 내 음성을 인식할 수 있도록 학습시키기 위해 [더보기] 버튼을 터치합니다. 안내사항을 읽은 후 [동의] 버튼을 터치합니다.

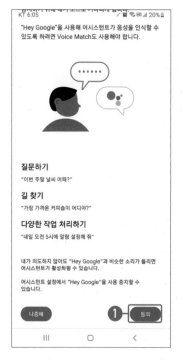

 잠깐 녹음된 Voice Match가 마음에 들지 않으면 어시스턴트 설정에서 삭제한 후 다시 녹음할 수 있습니다.

05 구글 어시스턴트가 사용자의 목소리를 인식할 수 있도록 "오케이 구글" 또는 "헤이 구글"을 포함해 제시되는 4개의 문장을 따라 읽습니다.

  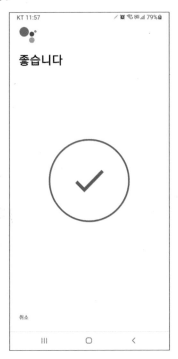

06 "Hey Google"의 사용이 준비됐다는 화면이 나타나면 [다음] 버튼을 터치합니다. Google의 활성화 기술 개선에 참여하기 위해 [더보기] 버튼을 터치합니다. 스마트폰에서 어시스턴트가 활성화될 때마다 음성 녹음 파일 등이 저장된다는 안내를 읽고 [동의] 버튼을 터치합니다. 구글 어시스턴트 설정을 마무리합니다.

 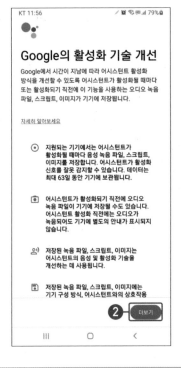 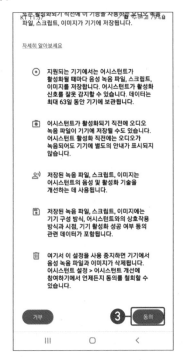

 "헤이 구글" 또는 "오케이 구글"은 구글 어시스턴트를 호출할 수 있는 호출 명령어입니다. 구글 어시스턴트가 사용자의 음성에 더 잘 반응할 수 있도록 구글의 활성화 기술 개선에 동의하는 것이 좋습니다.

▶ 구글 어시스턴트로 다양한 명령 실행하기

알람 설정

01 홈 화면에서 "헤이 구글" 또는 "오케이 구글"과 함께 "2시간 후 알람"이라고 말합니다. 호출 명령어로 구글 어시스턴트를 실행하여 2시간 후 알람을 설정했습니다.

문자 보내기

01 "헤이 구글" 또는 "오케이 구글"과 함께 "OO에게 문자 보내"라고 말하면 메시지 앱이 실행됩니다. 보낼 내용을 입력하기 위해 자동으로 마이크가 활성화되고 내용을 말하면 메시지 창에 자동으로 입력됩니다.

02 메시지 창에 내용이 입력되면 전송할지, 수정할지 물어봅니다. 마이크가 활성화되면 **"전송"**이라고 말하여 문자를 보냅니다.

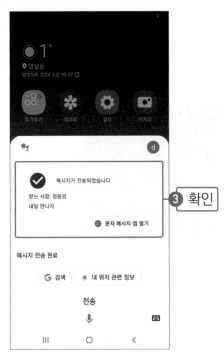

자료 검색하기

01 "헤이 구글" 또는 "오케이 구글"과 함께 **검색할 자료를** 말합니다. 구글 어시스턴트가 자료를 검색한 후 검색 결과에 대해서 말해 줍니다.

통역 모드

01 "헤이 구글" 또는 "오케이 구글"과 함께 "영어로 통역해 줘"라고 말하면 구글 어시스턴트가 "네, 알겠습니다. 통역을 시작할게요."라고 답변한 후 자동으로 마이크가 활성화됩니다.

02 통역 모드 화면에서 한국어로 통역할 문장을 말하면 구글 어시스턴트가 영어로 번역해 줍니다.

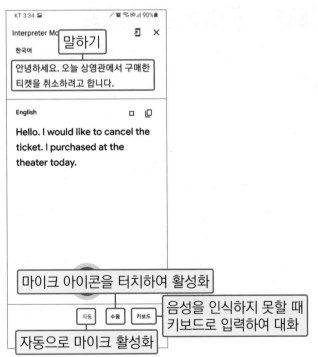

03 다시 마이크가 활성화되면 영어로 말을 합니다. 구글 어시스턴트가 자동으로 언어를 감지해 한국어로 번역해 줍니다. 이와 같은 방법으로 외국인과 대화할 수 있습니다.

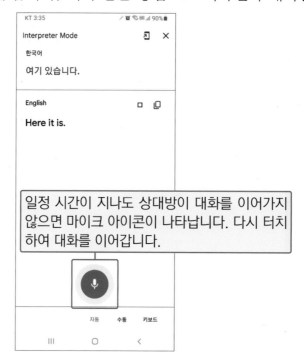

수수께끼

01 "헤이 구글" 또는 "오케이 구글"과 함께 "수수께끼 내 줘"라고 말하면 구글 어시스턴트가 수수께끼를 내고 사용자와 대화를 주고받습니다. 심심할 때 구글 어시스턴트와 간단한 대화를 즐길 수 있습니다.

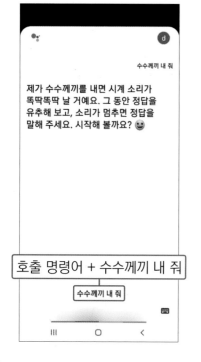
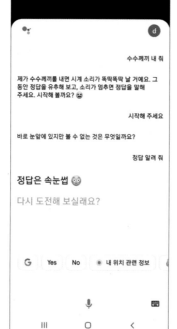

잠깐

구글 어시스턴트 음성 변경하기

1 "헤이 구글" 또는 "오케이 구글"과 함께 "어시스턴트 설정 열어 줘"라고 말합니다. 어시스턴트 설정 화면으로 이동되면 화면을 위로 스크롤하고 [어시스턴트 음성 및 소리]를 터치합니다.

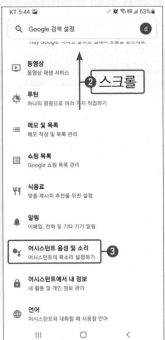

2 어시스턴트 음성 및 음성 출력 화면에서 '레드(남성)', '오렌지(여성)'의 음성을 각각 들어본 후 마음에 드는 음성을 선택하면 해당 음성으로 설정됩니다.

응용력 키우기

01 구글 어시스턴트를 사용하여 '내일 뉴욕 날씨'를 알아봅니다.

 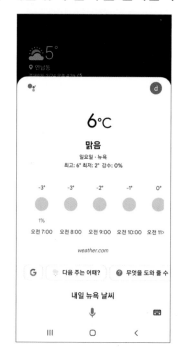

02 구글 어시스턴트를 사용하여 다음 문장을 일본어로 번역해 봅니다.

> • 오늘 일찍 일어났습니다.

 힌트

구글 어시스턴트에서는 44개국 언어를 번역할 수 있습니다. 통역 모드에서 일본어로 설정한 후 문장을 말해도 되고, "헤이 구글" 또는 "오케이 구글"과 함께 "오늘 일찍 일어났습니다를 일본어로 번역"이라고 말해도 통역 모드가 실행됩니다.

04 빠른 길찾기

- 네이버 지도 앱 설치하기
- 출발지와 도착지 설정하기
- 교통수단에 따른 최적 경로 선택하기
- 지도에서 내 위치 파악하기
- 지하철의 빠른 환승 및 하차 번호
- 버스 정류장 번호

미 / 리 / 보 / 기

네이버 지도 앱을 사용하면 교통수단에 따른 최적의 경로를 안내받을 수 있습니다. 지하철을 이용할 때 빠르게 환승할 수 있는 위치를 알 수 있고, 버스 정류장에 곧 도착하는 버스 정보도 알 수 있습니다. 자동차로 이동할 때는 실시간 교통상황을 적용한 길을 안내받을 수 있습니다. 네이버 지도 앱을 이용해 빠르게 길을 찾는 방법을 알아보겠습니다.

▶ 네이버 지도 앱이란?

네이버 지도 앱은 최적의 경로를 추천해 주기 때문에 초행길도 쉽게 찾아갈 수 있습니다. 보통 네이버 지도 앱을 설치할 때 위치 정보에 접근을 허용해 두기 때문에 실시간 교통정보를 반영하여 목적지까지 어떤 교통수단을 이용하는 것이 좋을지 추천해 줍니다. 네이버 지도 앱에서는 거리뷰, 실내지도, 교통정보, CCTV, 자전거 정보 등 다양한 옵션을 사용자의 필요에 따라 선택하여 편리하게 이용할 수 있습니다.

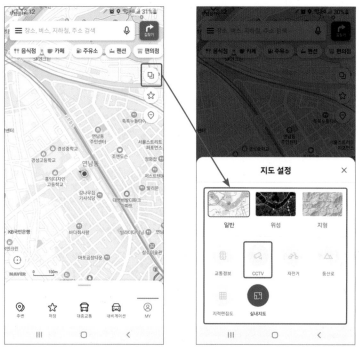

가령 지도에 표시된 CCTV를 선택하면 실시간 교통상황을 라이브로 볼 수 있습니다. 주말이나 명절 때 고속도로의 상황을 손안에서 확인할 수 있고 사용자의 목적에 맞게 빠른 길을 찾거나 교통정보를 얻을 수 있습니다.

▶ 네이버 지도 앱 설치하고 대중교통 이용하기

네이버 지도 앱 설치하기

01 Play 스토어(▶) 앱을 실행합니다. 검색 창에 '지도'라고 입력합니다. 관련 앱 목록이 나타나면 그중 [네이버 지도, 내비게이션]을 터치한 후 [설치] 버튼을 터치하여 설치를 진행합니다.

 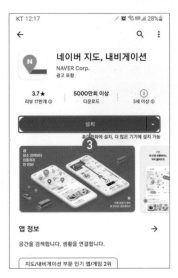

02 설치가 완료되면 [열기] 버튼을 터치합니다. 네이버 지도(●) 앱이 실행되면 약관의 필수 사항에만 체크하고 [동의] 버튼을 터치합니다.

 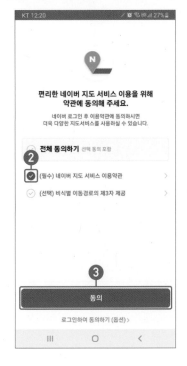

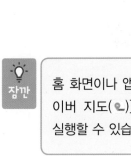
홈 화면이나 앱스 화면에서 [네이버 지도(●)] 앱을 터치하여 실행할 수 있습니다.

03 내 기기 위치에 액세스하도록 허용하겠냐는 창의 [앱 사용 중에만 허용]을 터치합니다. 알림 수신 동의 창은 [아니요]를 터치합니다.

빠른 길찾기

01 앱 사용 중에만 내 기기의 위치를 허용했기 때문에 현재 내 위치가 지도에서 파란색 점으로 표시됩니다. [장소, 버스, 지하철, 주소 검색]을 터치합니다. 찾아갈 장소를 입력하고 관련된 목록이 표시되면 도착할 장소를 터치합니다.

 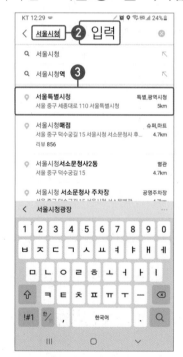

02 검색한 장소가 지도에 표시되고 아래쪽에 검색한 장소의 주소나 관련 정보가 나타납니다. 도착지로 설정하기 위해 [도착] 버튼을 터치합니다. 출발지는 내 위치로 자동 설정되고 도착지까지 대중교통(🚌)으로 가는 방법이 표시됩니다. 도보 시간을 포함한 전체 시간과 교통비도 표시됩니다. **최적으로 추천된 경로를 터치합니다.**

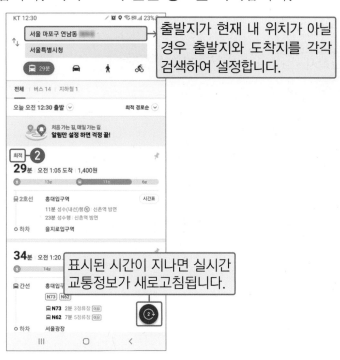

> 출발지가 현재 내 위치가 아닐 경우 출발지와 도착지를 각각 검색하여 설정합니다.

> 표시된 시간이 지나면 실시간 교통정보가 새로고침됩니다.

 잠깐

교통수단에 따른 길찾기

길찾기 화면에서 원하는 교통수단을 선택하면 최적의 경로를 안내받을 수 있습니다.

- 🚗 : 출발지부터 도착지까지 현재 교통상황을 적용한 추천 경로와 소요시간을 확인한 후 [안내시작] 버튼을 터치하면 내비게이션 안내를 받을 수 있습니다.
- 🚶 : 출발지부터 도착지까지 도보로 이동하였을 때 소요시간을 확인한 후 [따라가기] 버튼을 터치하여 이동 경로를 미리 확인할 수 있습니다.
- 🚲 : 출발지부터 도착지까지 자전거로 이동하였을 때 소요시간을 확인한 후 [경로 미리보기] 버튼을 터치하여 이동 경로를 미리 확인할 수 있습니다.

▲ 자동차 경로　　　　▲ 도보 경로　　　　▲ 자전거 경로

03 위쪽 지도에 출발지와 도착지가 초록색과 빨간색으로 표시되고, 대중교통의 경로는 초록색으로, 현재 내 위치는 파란색 점으로 표시됩니다. 아래쪽에서 도보는 점선으로, 대중교통은 초록색 선으로 표시되고 소요시간, 지하철 노선, 출구 번호 등의 정보를 확인할 수 있습니다. 경로를 안내받기 위해 [안내시작] 버튼을 터치합니다.

04 안내 창이 나타나면 [다음] 버튼을 터치하여 안내 사항을 모두 숙지합니다. 방해모드나 절전모드는 해제하고 승하차 알림을 받기 위해 알림도 허용해 줍니다. 이어폰 사용 중에는 음성 안내를 ON/OFF 할 수 있다는 안내 창의 [안내시작] 버튼을 터치하면 길 안내가 시작됩니다. 도착지에 도착하면 하단의 [안내종료] 버튼을 터치합니다.

빠른 환승 및 하차 번호

지하철을 이용할 때 출구와 가까운 지하철 칸을 이용하거나 환승하려는 승강장과 가까운 곳에서 하차해야 이동 시간을 줄일 수 있습니다. 네이버 지도 앱에서 안내해 주는 '빠른 하차 번호'를 확인한 후 동일한 번호의 승강장에서 탑승하면 출구와 가까운 곳에서 하차할 수 있습니다. 환승할 때도 안내된 번호를 확인한 후 탑승하면 빠르게 환승할 수 있습니다.

▲ 빠른 하차 번호   ▲ 지하철 승강장 번호

최소도보 길찾기

01 대중교통을 이용할 때 최소한으로 걸어서 이동하는 방법을 찾기 위해 '**최적 경로순**'의
⊙를 터치합니다. [**최소 도보순**]을 선택하면 경로가 최소 도보 순으로 정렬됩니다. 가장
위에 있는 **최소 도보로 추천된 경로**를 선택합니다.

02 [안내시작] 버튼을 터치합니다. 상단의 안내 창을 따라 이동하면 지도의 파란색 점과 경로의 파란색 화살표가 함께 움직입니다. 실시간 버스 도착 정보와 지하철 도착 정보를 확인한 후 안내에 따라 도착지에 도착하면 [안내종료] 버튼을 터치합니다.

정류장 번호

네이버 지도 앱에서 길찾기를 하면 버스 이용 시 버스 정류장 번호가 표시됩니다. 버스 정류장마다 고유 번호가 있어 정류장 안내판의 번호를 보고 해당 정류장이 맞는지 확인할 수 있습니다. 네이버 지도 앱에서 정류장 번호를 검색하면 해당 정류장에 정차하는 버스와 곧 도착하는 버스 등 실시간 정보를 확인할 수 있어 편리합니다.

구글 지도 앱

구글 지도 앱은 안드로이드폰에 기본으로 설치되어 있습니다. 해외에서 길을 찾을 때는 유용하게 사용할 수 있지만 우리나라에서는 구글 지도 앱 서비스가 대부분 지원되지 않습니다. 우리나라의 정밀 지도 데이터를 '구글 어스(구글 인공위성 사진 서비스)'에 제공하면 국가 안보 위협이 커질 수 있어 우리나라의 지도 업데이트가 제대로 이루어지지 않고 있기 때문입니다. 구글 지도 앱은 네이버 지도 앱과 사용 방법이 비슷해서 처음 사용하더라도 쉽게 사용할 수 있습니다.

① 홈 화면에서 구글 지도(📍) 앱을 실행한 후 [여기서 검색]을 터치해 찾아갈 장소를 입력합니다. [경로] 버튼을 터치하면 내 위치에서 도착지까지 대중교통편만 검색되고 자동차와 도보 경로는 제공되지 않습니다.

② 구글 지도 앱에서 국외 지역을 검색해 보겠습니다. '도쿄 디즈니랜드'를 검색한 후 [경로] 버튼을 터치합니다. 출발지를 '도쿄 국제공항'으로 설정합니다. 그러면 네이버 지도 앱처럼 자동차, 대중교통, 도보, 자전거 등 다양한 교통수단의 경로와 소요시간이 표시됩니다.

▶ 자주 가는 경로 저장하고 내비게이션 안내 받기

자주 가는 경로 즐겨찾기에 저장하기

01 네이버 지도 앱의 홈 화면에서 ☰를 터치한 후 [로그인해주세요.]를 터치합니다. 네이버 계정으로 로그인합니다.

02 네이버 지도 서비스 이용약관 중 필수 항목에 체크한 후 [동의] 버튼을 터치합니다. [장소, 버스, 지하철, 주소 검색]을 터치합니다. 검색할 장소를 입력하고 관련된 목록이 표시되면 도착할 장소를 터치합니다.

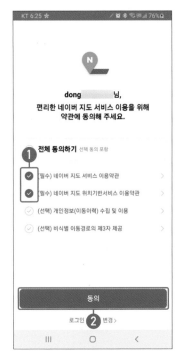  

03 출발지와 도착지를 설정한 후 ⠿를 터치하고 [저장]을 터치합니다. 경로를 저장했다는 안내 창의 [별명 추가 〉]를 터치하면 저장한 경로의 별명을 설정할 수 있습니다.

04 네이버 지도 앱에서 홈 화면의 하단 메뉴 중 [저장]을 터치합니다. 하단에 창이 나타나면 [경로] 탭을 터치하여 저장된 경로를 확인합니다.

내비게이션으로 경로 안내받기

01 🚗를 터치하고 [안내시작] 버튼을 터치합니다. 네이버 지도에서 전화를 걸고 관리하도록 허용하겠냐는 창의 [허용]을 터치합니다.

02 네이버 지도에서 오디오를 녹음하도록 허용하겠냐는 창의 [허용]을 터치하면 내비게이션의 음성안내를 받으며 가장 빠른 길로 갈 수 있습니다.

 잠깐 저장 메뉴에 경로를 추가해 놓으면 내비게이션을 이용할 때 편리합니다. 실시간 교통상황을 적용한 추천 경로로 안내하기 때문에 도착지까지 빠르게 갈 수 있습니다.

지하철 노선과 버스 번호 검색

- 지하철 노선 : 네이버 지도 앱의 홈 화면에서 ☰를 터치한 후 [지하철노선도]를 터치하면 원하는 지하철역을 검색할 수 있습니다. 지하철역을 검색하면 하단에 검색한 역이 속한 노선이 나타나고 선택한 노선에 해당하는 역 정보를 통해 곧 도착할 지하철 정보까지 확인할 수 있습니다.

- 버스 번호 : 네이버 지도 앱의 홈 화면에서 버스 번호를 검색합니다. 전국에서 운행 중인 동일한 번호의 버스가 검색되면 찾으려는 경로의 버스를 선택합니다. 위쪽 지도에 버스 경로가 버스와 같은 색으로 표시되고 아래쪽에는 현재 운행 중인 버스 수를 포함한 운행정보 등을 자세히 볼 수 있습니다. [주변 정류장]을 터치하면 현재 내 위치와 가장 가까운 정류장이 검색됩니다.

▶ 기차 조회 · 예매 알아보기

01 네이버 지도 앱의 홈 화면에서 ☰를 터치한 후 [기차 조회 · 예매]를 터치합니다. 출발역
과 도착역을 설정한 후 일정 · 인원 선택에서 기차를 예매할 날짜와 시간, 인원을 설정하
고 [시간표 조회] 버튼을 터치합니다.

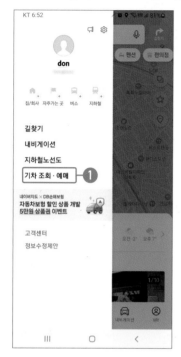
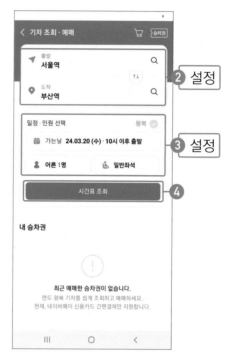

02 설정한 날짜의 오전 10시 이후 운행 예정인 전체 기차가 검색되었습니다. 예약을 원하
는 시간의 [예매] 버튼을 터치합니다. 객실/좌석 선택에서 원하는 객실 등급을 선택할
수 있습니다. 예제에서는 [일반실]을 선택합니다.

03 좌석 선택 화면에서 원하는 **호차**를 선택한 후 아래쪽의 잔여 좌석 중 순방향, 역방향, 창측, 통로측을 잘 확인하여 원하는 **좌석**을 선택하고 [결제하기] 버튼을 터치합니다. 예매 고객정보 입력 창에서 **예매자와 연락처**를 확인한 후 '전체 동의'에 체크하고 [확인] 버튼을 터치합니다.

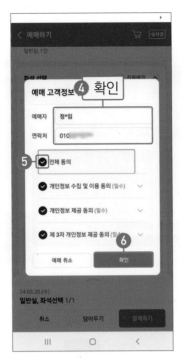

04 이용 약관 동의에서 '모두 동의합니다'에 체크하고 최종 결제금액을 확인한 후 [동의 및 할인 적용 완료] 버튼을 터치합니다. 기차 조회 및 예약이 완료되었습니다. 예약이 완료되면 위쪽에 결제 완료 시간이 안내됩니다. 네이버페이 간편결제가 등록된 경우 아래쪽의 [네이버페이 간편결제] 버튼을 터치하여 결제까지 완료하면 기차표를 예매한 날 기차를 바로 탑승할 수 있습니다.

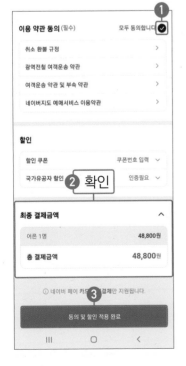

네이버페이 간편결제 과정은 '10장 (140p~147p)'에서 다루겠습니다.

01 네이버 지도(📍) 앱에서 출발지는 '시대고시기획 시대교육', 도착지는 '인천국제공항 제1여객터미널'로 설정하여 가장 최적의 대중교통 경로를 검색해 봅니다.(단, 출발 시간을 오후 3시 30분으로 설정하여 검색합니다.)

> **힌트**
> 출발지와 도착지를 설정하여 검색한 후 출발 시간을 설정합니다. 설정 시간의 교통상황과 지하철 시간 등을 확인할 수 있습니다.

02 네이버 지도(📍) 앱에서 출발지는 '뚝섬역 2호선', 도착지는 '서울숲'으로 설정하고 자전거 경로를 검색한 후 경로 미리보기를 해 봅니다.

05 음식점을 검색하고 예약하기

- 네이버 지도 앱에서 주변 음식점 찾기
- 음식점 예약하기
- 예약 공유하기
- 예약 취소하기

네이버 지도 앱으로 여행지 주변의 음식점을 검색하고 예약할 수 있습니다. 음식점을 검색한 후 사람들이 남긴 리뷰를 읽어보고 마음에 드는 곳을 예약합니다. 같이 여행할 사람들에게 예약한 음식점을 간편하게 공유할 수 있고, 일정이 변경되면 예약을 취소할 수도 있습니다. 음식점을 예약한 후 공유하고 취소하는 방법까지 알아보겠습니다.

▶ 네이버 지도 앱에서 음식점 예약하기

네이버 앱이나 네이버 지도 앱에 로그인이 되어 있으면 마음에 드는 음식점을 바로 예약할 수 있고 방문한 음식점에 리뷰를 남길 수 있습니다. 음식점에 좋은 리뷰가 많이 달릴수록 음식점 입장에서 큰 홍보가 되기 때문에 요즘에는 음식점 자체 홈페이지를 통한 예약보다 네이버의 예약 서비스를 이용하는 경우가 많습니다.

네이버 지도 앱의 음식점 카테고리에서 주변의 음식점을 확인할 수 있고 네이버 예약 서비스를 통해 전화 통화를 하지 않고도 예약을 진행할 수 있습니다.

전화 없이 레스토랑 예약이 가능한 캐치테이블

① 네이버(N) 앱에서 '캐치테이블'을 검색하여 접속하거나 캐치테이블(C) 앱을 설치한 후 앱을 실행합니다. 캐치테이블 앱에서도 네이버 지도 앱과 비슷한 방법으로 음식점을 검색할 수 있습니다. [내주변]을 터치하여 주변의 음식점을 찾아서 예약하거나 상단의 원하는 카테고리를 선택하여 음식점을 검색합니다.

② [내주변]을 터치하면 주변의 음식점이 목록으로 나타납니다. 원하는 음식점을 선택한 후 음식점의 정보, 메뉴, 리뷰 등을 살펴봅니다. [예약하기] 버튼을 터치하면 회원가입 후 날짜, 예약인원 등을 설정하여 예약을 진행할 수 있습니다. 회원가입한 후에는 원하는 음식점을 찾아 바로 예약할 수 있어 편리합니다.

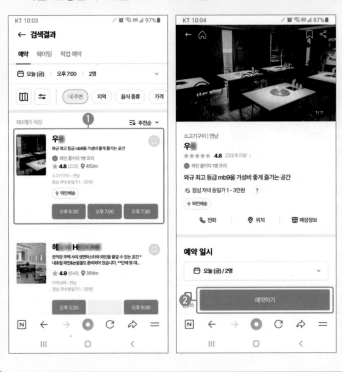

네이버 지도 앱에서 음식점 찾고 예약하기

▶ 여행할 지역의 음식점 찾기

01 네이버 지도(🧭) 앱을 실행하고 [장소, 버스, 지하철, 주소 검색]을 터치합니다. 여행지를 입력하고 목록에서 가고자 하는 **목적지**를 선택합니다.

02 선택한 장소가 지도에 나타나면 아래쪽의 **검색된 장소**를 터치한 후 [주변] 탭을 터치합니다.

03 [맛집 · 카페] 탭을 터치하고 맛집 목록을 검색하기 위해 [음식점] 탭을 터치합니다. 네이버 예약이 가능한 음식점을 터치합니다.

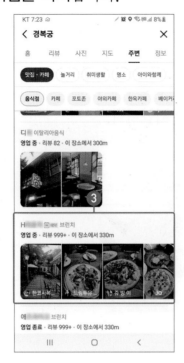

검색할 때마다 음식점 목록은 달라질 수 있습니다.

04 위쪽 지도에는 음식점 위치가 나타나고, 아래쪽에서 음식점 정보를 볼 수 있습니다. 화면을 아래쪽에서 위쪽으로 스크롤하여 음식점 정보를 자세히 봅니다. 메뉴, 리뷰, 사진, 지도 등을 확인할 수 있습니다.

스크롤

▶ 음식점 예약하고 예약 취소하기

예약하고 예약 공유하기

01 방문자들의 리뷰와 평점 등을 보기 위해 [리뷰] 탭을 터치합니다. 평점과 사진리뷰 등 음식점의 리뷰를 읽어본 후 마음에 들면 [예약] 탭을 터치합니다. 해당 음식점의 [날짜, 시간, 인원으로 검색해 보세요.]를 터치합니다.

02 예약 날짜, 시간, 인원을 선택한 후 [예약상품 검색] 버튼을 터치합니다. 선택한 조건의 검색 결과가 나타나면 아래의 시간을 한 번 더 터치합니다. [예약하기] 탭에서 예약 사항을 확인한 후 [다음] 버튼을 터치합니다.

03 마지막으로 요청사항이 있는 경우 입력하고 [동의하고 예약 신청하기] 버튼을 터치합니다. 예약 확인 페이지로 이동됩니다. 예약 확정 알림이 오면 알림 창을 아래로 스크롤한 후 예약 확정 알림을 터치합니다.

네이버 앱에서 예약 확인하기

네이버() 앱을 실행한 후 홈 화면 오른쪽 상단의 [Na.]를 터치합니다. 여기에는 미리주문, QR주문·결제, 영수증 리뷰 등 편리한 기능들이 많습니다. 이 중 [새로운 예약이 있어요.]를 터치하면 네이버 지도 앱에서 진행한 예약 사항을 자세히 확인할 수 있습니다. 네이버 지도 앱과 마찬가지로 예약 장소, 날짜, 시간, 위치까지 알 수 있습니다.

04 예약 확정 메시지를 확인한 후 음식점을 같이 방문할 사람에게 공유하기 위해 [공유하기] 버튼을 터치합니다. 공유하기 창에서 공유가 가능한 앱 중 [카카오톡(●)] 앱을 터치합니다.

 공유하기 창에서 내 스마트폰에 설치된 공유 앱 중 하나를 선택하거나 [URL 복사]를 터치하여 메일이나 메신저로 복사한 링크를 전달할 수도 있습니다.

05 공유 대상 선택 화면에서 **공유할 사람을 선택**한 후 [확인]을 터치합니다. 상대방에게 네이버 예약 사항이 공유되어 상대방도 예약 사항을 확인할 수 있습니다.

잠깐

현재 위치의 주변 음식점 예약하기

① 여행지를 가기 전에 음식점을 검색하여 예약을 진행할 수도 있지만, 현재 위치에서 주변에 있는 음식점을 검색하고 싶을 때도 있습니다. 네이버 지도 앱의 홈 화면에서 [음식점] 탭을 터치합니다. 위쪽 지도에 주변 음식점들이 나타납니다. 중간 부분에서 [실시간예약] 버튼을 터치합니다.

② 날짜, 시간, 인원 부분을 터치해 원하는 날짜, 시간, 인원을 설정합니다. 예약 가능한 음식점이 검색되면 마음에 드는 곳을 선택합니다. 예약할 음식점의 메뉴와 리뷰 등을 자세히 살펴본 후 마음에 들면 예약을 진행합니다.

예약 취소하기

01 네이버 지도 앱에서 홈 화면의 하단 메뉴 중 [MY]를 터치합니다. 사용자의 타임라인, 리뷰, 피드, 예약 내역 등을 확인할 수 있습니다. 예약을 취소하기 위해 예약해 두었던 [음식점]을 터치한 후 [예약취소] 버튼을 터치합니다.

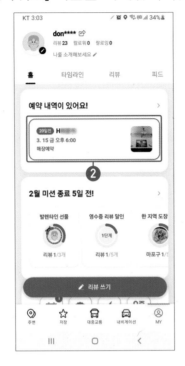

02 나타난 창에 취소 사유를 입력한 후 [예약 취소] 버튼을 터치합니다. 정말 취소할 것인지 묻는 창의 [네, 취소할게요] 버튼을 터치합니다. 스마트폰 알림 창에 예약 취소 알림이 나타나면 예약 취소 알림을 터치하여 확인합니다.

 잠깐 만약 개인 사정이 생겨 예약한 음식점에 가지 못하게 될 경우 예약을 취소하지 않으면 음식점에 상당한 피해가 생길 수 있으므로 전화나 네이버 앱으로 예약을 취소합니다.

잠깐

취미생활 예약하기

① 맛집·카페뿐만 아니라 놀거리, 취미생활, 명소 등도 같은 방법으로 예약할 수 있습니다. 네이버 지도 앱에서 장소를 검색한 후 [주변] 탭 – [취미생활] 탭을 터치한 후 네이버 예약이 가능한 곳을 터치합니다. 예약할 장소에 관한 정보를 확인한 후 더 자세히 문의하기 위해 [문의] 버튼을 터치합니다.

② 예약 문의 창으로 이동하면 아래쪽의 입력 창을 통해 예약할 곳과 상담할 수 있습니다. 위쪽에 상대방의 응답률을 확인하고 믿을 만한 곳인지 판단한 후 메시지를 주고받습니다. 문의 사항에 만족하였으면 예약 문의 창은 닫고 [예약] 탭을 터치합니다. 음식점 예약과 동일한 방법으로 예약을 진행합니다.

01 네이버 지도(📞) 앱을 사용해 현재 위치의 주변 음식점 중 포장 주문이 가능한 가까운 음식점 목록을 찾아보고 마음에 드는 곳을 예약해 봅니다.

02 네이버 지도(📞) 앱을 사용하여 '부산 태종대' 주변의 카페를 찾아본 후 배달까지 가능한 카페를 찾아봅니다.

03 네이버 지도(🗺) 앱을 사용하여 '경포해변'을 검색하고 캠핑이 가능한 곳을 찾아 객실 예약까지 해 봅니다.

04 네이버 지도(🗺) 앱을 사용하여 현재 주변 헤어샵 중 실시간 예약이 가능한 헤어샵만 검색한 후 그중 한 곳을 선택하여 예약해 봅니다.

 음식점을 예약하는 방법과 동일합니다.

06 내 소식을 SNS로 알리기

- SNS 이해하기
- 인스타그램 앱 설치하기
- 인스타그램 가입하기
- 인스타그램에 게시물 올리기
- 내 스토리에 게시물 올리고 공유하기

미/리/보/기

인스타그램은 사진이나 동영상을 게시물로 올려 친구들에게 공유할 수 있는 앱입니다. 요즘에는 채팅 앱보다 인스타그램 앱을 통해 친구들에게 소식을 알리는 경우가 많고, 관심 있는 정보나 이슈도 인스타그램 앱에서 빠르게 확인할 수 있습니다. 인스타그램 앱을 설치하는 과정부터 인스타그램에 가입한 후 게시물을 올려 친구들에게 공유하는 방법까지 함께 알아보겠습니다.

01 SNS 알아보기

▶ SNS(소셜미디어)

SNS(Social Networking Service)란?

SNS는 온라인에서 기존의 친구와 소통하거나 새로운 친구를 사귈 수 있게 해주는 서비스입니다. 가족 또는 친구와 직접 만나지 못하는 상황에서 SNS를 통해 서로의 안부나 소식을 주고받을 수 있습니다. 동창이나 직장 동료 등 아는 사람과의 관계를 유지하면서 새로운 관계를 쌓을 수 있도록 도와주어 폭넓은 인간관계를 형성할 수 있게 해줍니다.

스마트폰의 보급으로 SNS를 이용하는 사람들이 점차 늘어나게 되었고, SNS를 통해 사회적 이슈를 이전보다 빠르게 접할 수 있게 되었습니다. 다양한 정보를 얻거나 트렌드를 파악하기 위해 SNS를 사용하기도 하고, 생각이 비슷한 사람들과 소통하기 위해 사용하기도 합니다.

SNS 종류

• 카카오톡

카카오톡은 해외 이용자는 적은 편이나 국내에서는 거의 전 국민이 사용하는 모바일 메신저입니다.

• X(엑스)

전 세계 사람이 사용하고 있는 X(엑스)는 이전 명칭인 '트위터'로 더 잘 알려져 있습니다. X에는 짧은 글과 사진을 게시할 수 있고 다른 사람의 게시물을 구독할 수도 있습니다. 자신의 계정에 다른 사람의 게시물을 다시 올릴 수 있는 기능이 있어 불특정 다수에게 홍보가 필요한 개인과 기업이 주로 사용하고 있습니다.

• 인스타그램

인스타그램은 MZ세대가 가장 많이 사용하는 앱으로 사진이나 동영상을 글과 함께 올릴 수 있어 최근 기업의 마케팅 수단으로 적극 활용되고 있습니다. 주변의 지인이나 유명인들의 계정을 팔로우하면 업로드된 게시물을 확인할 수 있습니다.

• 페이스북

페이스북은 최근 성장세가 주춤하고 있지만 그럼에도 불구하고 아직까지 전 세계의 수많은 사람이 이용하고 있는 SNS 앱입니다. 인스타그램과 마찬가지로 사진이나 동영상을 글과 함께 업로드할 수 있습니다. 페이스북은 친구, 학교, 직장 등 공통 분모가 있는 사람을 추천해주는 기능이 있어 모르는 사람과 쉽게 친구가 될 수 있습니다.

• 유튜브

유튜브는 동영상을 기반으로 한 플랫폼으로 짧은 동영상을 업로드할 수 있는 'Shorts(쇼츠)'라는 기능을 만들어 최근 트렌드에 맞게 서비스하고 있습니다. 유튜브는 개인이 채널을 만들어 운영할 수 있는데 구독자가 많은 채널은 동영상을 업로드하는 것으로 수익을 창출하기도 합니다.

• 틱톡

틱톡은 전 세계적으로 큰 인기를 얻고 있는 플랫폼입니다. 15초 분량의 짧은 동영상을 찍어 공유할 수 있는 앱으로 특히 10~20대를 중심으로 유행하고 있습니다.

▶ **인스타그램 앱의 메뉴**

인스타그램 앱을 실행하면 볼 수 있는 첫 화면입니다.

❶ 홈

❷ 사람 및 게시물 검색

❸ 게시물, 스토리, 릴스, 라이브 등 올리기

❹ 릴스(짧은 동영상)

❺ 내 정보

❻ 게시물

❼ 내 스토리 추가

❽ 팔로우한 사람의 스토리

❾ 활동 사항(팔로우한 사람, 게시물에 좋아요를 누른 사람 등)

❿ 메시지 보내기

인스타그램 시작하기

▶ 인스타그램 설치하고 회원가입하기

01 Play 스토어(▶) 앱을 실행합니다. 검색 창에 '인스타'를 입력하고 검색된 목록 중 'Insta gram(인스타그램)'의 [설치] 버튼을 터치하여 설치를 진행합니다. 설치가 완료되면 [열기] 버튼을 터치합니다.

> **잠깐** 홈 화면이나 앱스 화면에서 [인스타그램(◉)] 앱을 터치하여 앱을 실행할 수 있습니다.

02 인스타그램(◉) 앱이 실행되면 하단의 [새 계정 만들기] 버튼을 터치합니다.

> **잠깐** 페이스북(Facebook)에 가입되어 있는 경우 페이스북 계정으로 로그인하면 페이스북 친구를 인스타그램에서도 팔로우할 수 있습니다.

03 인스타그램은 전화번호나 이메일 주소로 가입할 수 있습니다. 예제에서는 **전화번호를** 입력하고 [다음] 버튼을 터치합니다. 6자리의 인증 코드가 도착하면 인증 코드를 입력한 후 [다음] 버튼을 터치합니다.

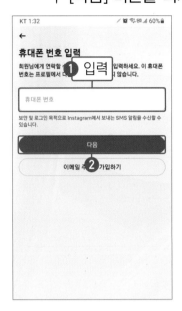
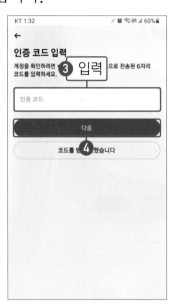

04 다른 사람이 추측할 수 없는 6자 이상의 비밀번호를 입력한 후 [다음] 버튼을 터치합니다. 로그인 정보를 저장하겠냐는 창의 [저장] 버튼을 터치합니다. 생년월일을 설정한 후 [설정]을 터치하고 [다음] 버튼을 터치합니다.

생일을 설정하는 이유
인스타그램은 미성년자를 대상으로 콘텐츠 이용에 제한을 두고 있기 때문에 실수로 생일을 잘못 설정하면 나중에 계정이 비활성화되어 인스타그램을 사용하지 못할 수 있습니다. 계정이 비활성화되면 신분증, 공문서 등으로 다시 나이를 인증받아야 하므로 생일을 제대로 설정하는 것이 좋습니다.

05 이름을 입력한 후 [다음] 버튼을 터치합니다. 인스타그램에서 사용할 사용자 이름을 입력한 후 [다음] 버튼을 터치합니다. 추천해 주는 사용자 이름을 사용해도 좋습니다.

 사용자 이름은 언제든지 변경할 수 있습니다. 사용자 이름을 통해 자신을 나타낼 수 있으므로 인스타그램을 개설하는 목적에 따라 쉽게 검색할 수 있는 이름으로 설정해 보세요.

06 약관 동의 화면에서 필수 항목에 모두 체크하고 [동의] 버튼을 터치합니다. 프로필 사진 추가 화면에서 [사진 추가] 버튼을 터치합니다. [갤러리에서 선택]을 터치하고 인스타그램이 기기의 사진, 미디어, 파일에 액세스할 수 있도록 [허용]을 터치합니다.

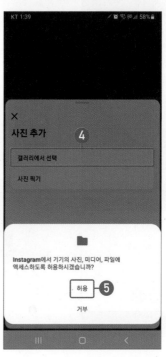

07 갤러리에서 선택한 사진을 프로필 사진으로 설정한 후 [이 사진을 게시물로 공유]를 터치하여 프로필 사진을 게시물로 공유하고 [완료] 버튼을 터치합니다. 인스타그램 앱 사용 동의 화면에서 필수 사항을 모두 터치한 후 [동의함] 버튼을 터치합니다. 완료 화면에서 [닫기] 버튼을 터치합니다.

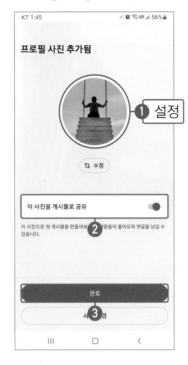
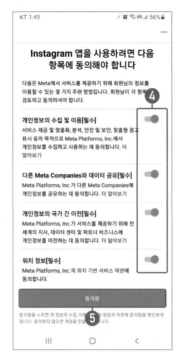
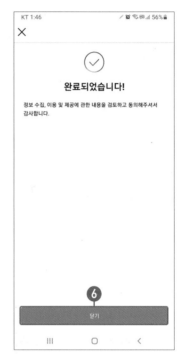

08 인스타그램의 가입을 환영하는 화면이 나온 후 연락처를 동기화하라는 화면이 나타납니다. 연락처를 동기화하지 않기 위해 [계속] 버튼을 터치하고 연락처 액세스 허용 창의 [거부]를 터치합니다. 인스타그램의 홈 화면으로 넘어가고 설정한 프로필 사진과 게시물을 확인할 수 있습니다.

 잠깐

연락처에 있는 사람을 인스타그램에서 추천받고 싶다면 연락처를 동기화하는 것이 좋습니다. 하지만 관심사가 비슷한 사람을 골라 직접 팔로우하고 싶다면 연락처를 동기화하지 않는 것이 좋습니다. 연락처 동기화 설정은 [내 정보] 〉 ☰ 〉 [설정 및 개인정보] 〉 [계정 센터] 〉 [내 정보 및 권한] 〉 [연락처 업로드] 〉 [연락처 동기화]에서 연락처를 연결하거나 해제할 수 있습니다.

프로필 편집 방법과 친한 친구 등록 방법

- 홈 화면 오른쪽 하단의 를 터치한 후 [프로필 편집] 버튼을 터치합니다. 아바타 만들기 창의 [나중에 하기]를 터치하면 프로필 사진, 사용자 이름 등을 변경할 수 있는 프로필 편집 화면이 나타납니다. 소개란에 본인에 대한 소개를 입력해 놓으면 비슷한 분야에 관심 있는 사람들이 팔로우할 수 있습니다.

- 내 정보 화면에서 를 터치하면 [내 활동], [보관] 등을 확인할 수 있습니다. [친한 친구]를 터치하고 친구의 이름이나 인스타그램 사용자 이름을 입력해 친구가 검색되면 목록에서 체크한 후 [완료] 버튼을 터치합니다. 친한 친구를 등록해 두면 게시물 등을 공유할 때 친한 친구에게만 보이게 공유할 수 있습니다.

▶ 게시물 올리고 '좋아요'와 댓글 남기기

새 게시물 올리기

01 홈 화면에서 ⊕를 터치하면 새 게시물 화면이 나타납니다. 먼저 게시물로 올릴 사진이 위치한 폴더를 선택한 후 **사진을 선택**하면 위쪽에 선택한 사진이 나타납니다.

[여러 항목 선택] 버튼

터치하면 카메라를 사용해 셀카나 사진을 찍어 올릴 수 있습니다.

터치하여 친구 추가

 잠깐

인스타그램의 게시물 종류

새 게시물 화면의 하단 메뉴에서 게시물의 종류를 선택할 수 있습니다. 게시물의 종류는 다음과 같습니다.

- **게시물** : 홈 화면에 정사각형의 피드로 사진이나 동영상을 글과 함께 게시할 수 있습니다.
- **스토리** : 24시간 후 지워지는 게시물로 위치, 시간, 투표 등의 기능을 사용할 수 있습니다.
- **릴스** : 15~30초의 짧은 영상을 촬영하고 편집하여 올리는 게시물입니다.
- **라이브** : 스마트폰의 카메라 화면을 라이브로 공유할 수 있고, 채팅을 통해 실시간으로 여러 사람과 대화할 수 있습니다.

02 게시물로 올릴 사진을 한 장 더 선택한 후 오른쪽 상단의 [다음]을 터치합니다. 사진 아래
쪽의 필터 목록을 왼쪽으로 드래그한 후 마음에 드는 필터를 선택하여 적용합니다. 필터
를 설정하였으면 오른쪽 상단의 [다음]을 터치합니다.

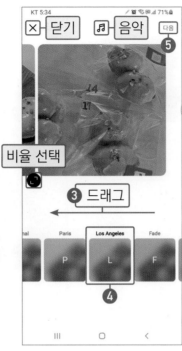

인스타그램 앱의 버전에 따라 여러
장의 사진을 선택하려면 [여러 항목
선택(⦿)] 버튼을 터치해야 하는 경
우도 있습니다.

 한 장의 사진만 올릴 때 사진을 편집하는 방법

한 장의 사진을 선택한 후 하단의 [수정] 버튼을 터치하면 조정, 밝기, 대비, 구조, 온도 등을 조절할 수
있고, 상단의 ✎를 터치하면 사진의 조명도를 조절할 수 있습니다.

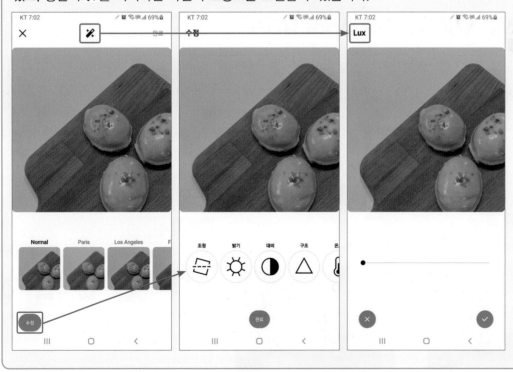

03 게시물과 관련된 태그를 '#(해시태그)'와 함께 입력한 후 사진을 설명하는 글을 입력하고 [위치 추가]를 터치합니다. 위치를 설정하고 [공유] 버튼을 터치합니다. 업로드한 게시물을 확인할 수 있습니다.

 [사람 태그]를 터치하면 사진에 나오는 사람의 인스타그램 계정을 태그할 수 있습니다. [공개 대상]을 터치하면 공개 범위를 설정할 수 있고, [음악 추가]에서 음악을 선택해 함께 게시할 수도 있습니다.

팔로우한 친구 게시물에 '좋아요'와 댓글 남기기

01 팔로우한 친구의 게시물이 업로드되면 내 계정의 홈 화면에서 확인할 수 있습니다. 게시물의 사진을 두 번 터치하면 게시물에 '좋아요'가 표시되고 아래쪽의 하트(♥)가 빨간색으로 변경됩니다.

- **팔로우** : 다른 사람을 친구로 등록 하는 행위
- **팔로워** : 나를 친구로 등록한 사람
- **팔로잉** : 내가 친구로 등록한 사람

02 게시물에 댓글을 입력하기 위해 Q를 터치합니다. 댓글을 입력한 후 ↑를 터치합니다.

다른 사람에게 받은 '좋아요'와 댓글 확인하기

다른 사람에게 '좋아요'나 댓글을 받으면 오른쪽 상단에 있는 하트에 빨간색 점이 표시됩니다. ♡를 터치하여 누가 '좋아요'를 누르고 댓글을 달았는지 확인할 수 있습니다.

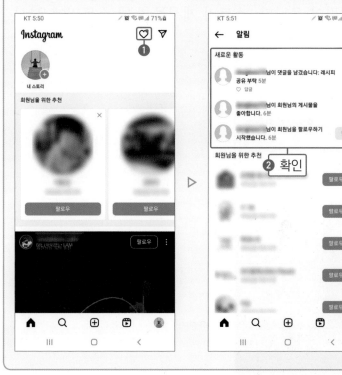

▶ 스토리에 게시물 추가 후 공유하기

01 스토리에 게시물을 추가하기 위해 ▽를 터치합니다. 하단의 [스토리에 추가]를 선택합니다.

02 [친한 친구] 버튼을 터치하여 친한 친구들에게만 스토리를 공유합니다. 잠시 시간이 지나면 스토리가 업로드됐다는 알림이 옵니다. 스토리 게시물은 내 스토리에 24시간 동안 게시된 후에 사라집니다.

03 업로드된 스토리를 보기 위해 왼쪽 상단의 [내 스토리]를 터치합니다. 내 스토리에 올린 게시물을 볼 수 있습니다.

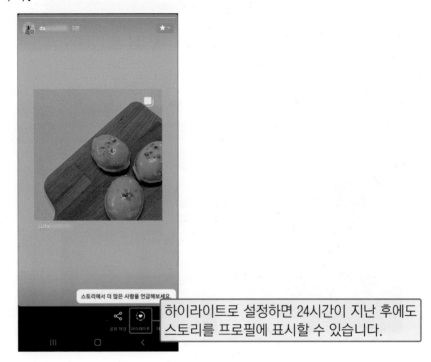

하이라이트로 설정하면 24시간이 지난 후에도 스토리를 프로필에 표시할 수 있습니다.

04 하단의 [공유 대상]을 터치하면 스토리를 공유할 수 있는 앱들이 나타납니다. 공유할 앱을 선택하여 원하는 친구에게 내 스토리를 공유할 수 있습니다.

87

01 인스타그램() 앱에서 다른 사람들의 게시물 중 마음에 드는 게시물에 '좋아요'를 눌러 봅니다.

02 인스타그램() 앱에서 내 스토리에 사진을 올린 후 문구를 추가하여 게시해 봅니다.

> **힌트** 인스타그램 홈 화면 상단에서 [내 스토리]의 [+]를 터치합니다. 스토리에 올릴 사진을 선택한 후 스토리 화면 상단의 도구 중 **Aa**를 선택하고 추가 하고 싶은 문구를 입력합니다.

07 유튜브와 친해지기

- 유튜브 무료 버전과 유료 버전의 차이
- 유튜브에서 검색하기
- 구독과 좋아요
- 알림 설정하기
- 클립다운 앱 설치하기
- 유튜브 동영상 다운로드하기

미/리/보/기

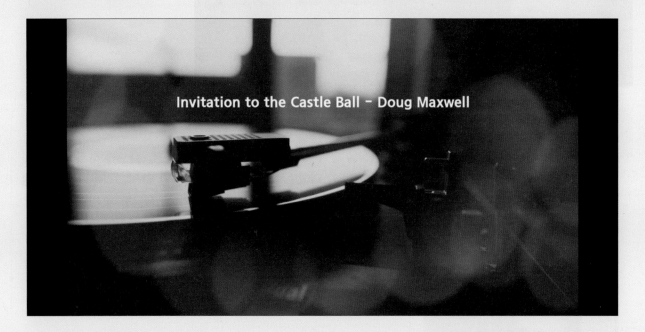

Invitation to the Castle Ball - Doug Maxwell

유튜브는 구글에서 운영하는 세계 최대 동영상 사이트로 인기 드라마나 예능 프로그램, 실시간 뉴스와 같은 재미있고 유용한 영상을 언제든지 시청할 수 있습니다. 재미있게 본 동영상에 '좋아요'를 표시하는 방법과 마음에 드는 유튜브 채널을 '구독'하는 방법에 대해 알아보겠습니다. 그리고 저작권이 없는 음악을 검색하여 다운로한 후 오프라인에서 동영상을 재생하는 방법까지 알아보겠습니다.

01 유튜브 알아보기

▶ 세계 최대 동영상 사이트 유튜브

유튜브는 구글에서 운영하는 세계 최대 동영상 사이트(www.youtube.com)입니다. 마음에 드는 음악이나 동영상을 검색하여 무료로 감상할 수 있고, 직접 만든 동영상 콘텐츠를 전 세계 사람들과 공유할 수 있습니다. 안드로이드폰에는 유튜브가 기본 내장 앱으로 설치되어 있어 따로 다운로드하지 않고 사용할 수 있습니다.

유튜브 프리미엄(YouTube Premium)
유튜브 무료 버전은 광고를 시청한 후 영상을 볼 수 있지만, 유튜브 프리미엄은 광고를 시청하지 않고 끊김 없이 동영상을 재생할 수 있는 서비스입니다. 이 외에도 스마트폰에서 오프라인 및 백그라운드 영상 재생 기능, 유튜브 뮤직을 통한 음악 스트리밍, 오프라인 동영상 다운로드 등의 기능을 사용할 수 있습니다.

▲ 유튜브 무료 버전

▲ 유튜브 유료 버전(프리미엄)

유튜브 활용하기

▶ **유튜브에서 실시간 뉴스 검색하고 채널 '구독'하기**

실시간 뉴스 보기

01 스마트폰 홈 화면의 [Google(구글)] 폴더 – [YouTube(▶)] 앱을 터치하여 실행합니다.

02 오른쪽 상단의 🔍를 터치합니다. '실시간뉴스'를 입력하여 검색합니다.

91

유튜브 로그인

안드로이드폰은 구글 계정으로 동기화되어 있기 때문에 유튜브 앱에 자동으로 로그인되어 있습니다. 유튜브 앱은 로그아웃 버튼이 없기 때문에 만약 다른 구글 계정으로 로그인하고 싶다면 유튜브 홈 화면 오른쪽 하단의 [프로필(sd)]을 터치하고 왼쪽 상단의 [계정 전환] 버튼을 터치합니다. 계정 창이 나타나면 [+]를 터치합니다. 구글 로그인 화면에서 다른 구글 계정으로 로그인하여 사용합니다.

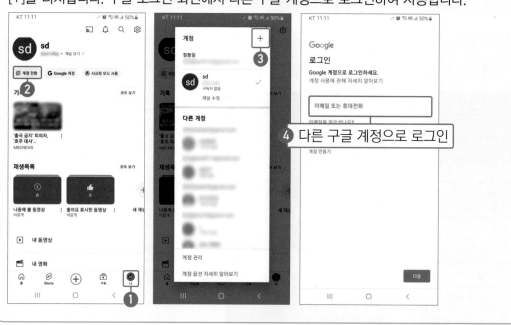

03 '실시간 뉴스'와 관련된 영상이 검색됩니다. 실시간 뉴스를 보기 위해 **검색 목록 중 하나를 선택합니다.** 광고를 시청한 후에 선택한 영상이 재생되고, 로그인이 되어 있기 때문에 실시간 채팅에 참여할 수 있습니다. 실시간 채팅 창을 닫으려면 ⊠를 터치합니다.

채널이 없는 사람의 경우 실시간 채팅에 참여하려면 먼저 채널을 만들어야 된다고 표시됩니다. 표시된 부분을 터치하여 채널을 만든 후 채팅에 참여합니다.

유튜브 채널 '구독'하기

01 마음에 드는 채널을 '구독'하기 위해 채널 이름 오른쪽에 [구독] 버튼을 터치합니다. 구독이 추가되었다는 메시지가 나타나고 🔔⌄ 으로 변경됩니다. 다른 채널도 같은 방법으로 구독할 수 있습니다.

 잠깐

유튜브 채널

유튜브는 당신(You)과 텔레비전(Tube)의 합성어로 '당신의 텔레비전'이라는 뜻을 가지고 있습니다. 구글에서 운영하는 세계 최대 동영상 사이트로 TV와 다르게 영상을 보며 댓글을 달거나 실시간으로 채팅을 할 수 있습니다. 유튜브에 채널을 개설하면 영상을 업로드할 수 있는데 개인 채널에 본인이 정한 콘셉트에 맞춰 주기적으로 영상을 업로드하고 광고 수익을 얻는 사람을 '유튜버' 또는 '유튜브 크리에이터'라고 합니다. 유튜브에 로그인되어 있는 이용자는 마음에 드는 채널을 '구독'할 수 있고, 구독자를 많이 보유한 채널은 높은 광고 수익을 얻을 수 있습니다.

02 유튜브 앱 홈 화면 하단의 [구독()]을 터치하면 구독한 채널에서 올린 동영상 콘텐츠를
모두 볼 수 있습니다.

03 상단의 구독 채널 중 하나를 선택한 후 [채널보기] 버튼을 터치합니다. 선택한 채널의 콘
텐츠만 모두 모아서 볼 수 있습니다.

04 [구독중] 버튼을 터치하면 알림 설정을 변경하거나 구독 취소를 할 수 있습니다. 구독한 채널이 많으면 알림이 자주 와서 불편할 수 있기 때문에 [맞춤설정]을 터치합니다. 알림을 설정하기 위해 ⋮를 터치하고 [설정]을 터치합니다.

 잠깐

알림

- **전체** : 구독한 채널의 모든 알림을 받습니다.
- **맞춤설정** : 설정한 알림만 받습니다.
- **없음** : 알림을 받지 않습니다.

05 설정 메뉴에서 [알림]을 터치하면 내가 받고 싶은 알림을 설정할 수 있습니다.

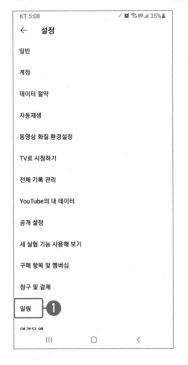
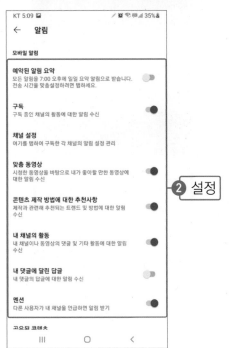

06 유튜브 앱 홈 화면에서 상단의 알림(🔔)이나 하단의 구독(🔲)에 빨간색 점 표시가 보이면 새로운 알림이나 콘텐츠가 있는 경우이므로 [알림(🔔)]이나 [구독(🔲)]을 터치하여 새로운 내용을 확인합니다.

 잠깐

유튜브 앱에서 동영상을 감상하다가 나중에 보고 싶거나 재생목록에 동영상을 저장하고 싶을 때는 동영상 오른쪽 하단의 ⋮를 터치하여 [나중에 볼 동영상에 저장] 또는 [재생목록에 저장]을 터치합니다. 저장한 영상을 보고 싶을 때 오른쪽 하단의 [프로필(sd)]을 터치한 후 재생목록 중 [나중에 볼 동영상]을 터치하면 저장한 영상을 볼 수 있습니다.

 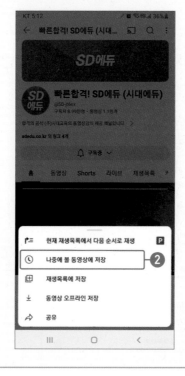 

▶ 저작권 없는 음악 검색하고 '좋아요' 표시하기

저작권 없는 음악 듣기

01 오른쪽 상단의 🔍를 터치하여 '저작권'을 입력한 후 검색 목록 중 [저작권 없는 클래식]을 터치합니다.

02 '저작권 없는 클래식'으로 검색된 동영상 중 하나를 터치하여 가로로 스마트폰을 돌려서 감상합니다. 유튜브를 통해 저작권이 없는 음악을 들을 수 있습니다.

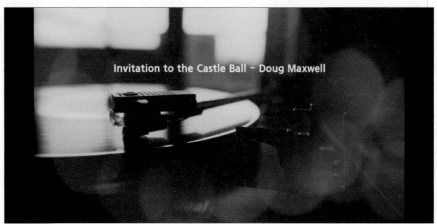

마음에 드는 동영상에 '좋아요' 표시하기

01 화면을 터치한 후 동영상이 마음에 들면 [👍], 마음에 들지 않으면 [👎]를 터치합니다. 유튜브 하단 메뉴 중 [프로필(sd)]을 터치하고 재생목록 중 [좋아요 표시한 동영상]을 터치합니다.

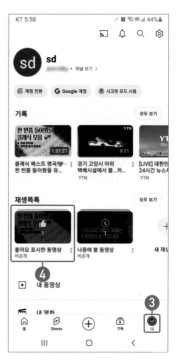

02 '좋아요'를 표시한 동영상만 따로 보관되어 있습니다. [모두 재생] 버튼을 터치하면 '좋아요'를 표시한 동영상을 연속으로 볼 수 있습니다.

▶ 저작권 없는 유튜브 동영상 다운로드하기

클립다운 앱 설치하기

01 홈 화면이나 앱스 화면에서 원스토어(❶) 앱을 실행합니다. 사용하던 아이디가 있으면 로그인하고, 회원가입이 안 되어 있으면 오른쪽 하단의 [회원가입 →]을 터치하여 회원가입 후 로그인합니다. 하단 메뉴 중 [검색]을 터치합니다.

잠깐

원스토어 앱
원스토어 앱은 원스토어 주식회사에서 운영하는 대한민국 이동통신 3사(LG유플러스, SK텔레콤, KT)의 통합 앱스토어입니다. 안드로이드폰에는 기본 앱으로 설치되어 있습니다.

02 '클립다운'이라고 입력하여 검색한 후 목록 중 [클립다운]을 터치합니다. 클립다운 앱을 설치하기 위해 [설치] 버튼을 터치합니다.

03 설치가 완료되면 [실행] 버튼을 터치합니다. [다음] 버튼을 터치하여 동영상 다운로드 방법과 관련된 설명을 모두 읽습니다.

 홈 화면에 클립다운 앱이 추가되었으므로 홈 화면의 [클립다운(⬤)] 앱을 터치하여 실행할 수 있습니다.

04 클립다운 앱 접근권한 안내 화면에서 [확인] 버튼을 터치합니다. [클립다운 이용하기] 버튼을 터치한 후 클립다운이 기기의 사진, 미디어, 파일에 액세스 하는 것을 허용하겠냐는 창의 [허용]을 터치합니다.

 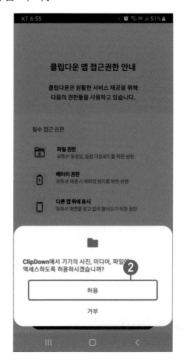

05 배터리 사용량 최적화 중지 창의 [허용]을 터치합니다. 다른 앱 위에 표시 권한 요청 창
의 [허용]을 터치합니다.

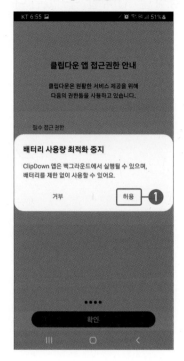

06 다른 앱 위에 표시 화면에서 [권한 허용]을 터치합니다. 클립다운 서비스, 이벤트 및 마
케팅 정보 알림 수신 동의 창에는 [거부]를 터치합니다.

유튜브 동영상 다운로드하기

01 클립다운 앱에서 검색어나 영상 URL 주소를 입력해 유튜브 영상을 검색할 수 있습니다. 오른쪽 상단의 ☰를 터치한 후 [환경설정]을 터치합니다.

02 와이파이 환경에서만 영상을 다운로드하기 위해 환경설정 창에서 'WIFI 환경에서만 다운로드'가 활성화되어 있는 것을 확인한 후 ☒를 터치해 환경설정 창을 닫습니다. 검색 창에 '저작권 없는 클래식'을 입력하여 검색합니다.

03 유튜브에서 검색한 영상과 동일한 영상들이 검색됩니다. 다운로드할 영상의 ⬇를 터치합니다. 영상을 음원 파일로 저장하려면 [AUDIO mp3] 버튼을 선택하고, 동영상 파일로 저장하려면 [VIDEO mp4] 버튼을 선택합니다.

04 동영상 파일로 다운로드하기 위해 [VIDEO mp4] 버튼 아래의 [해상도 설정 ▼]을 터치한 후 [720P] 버튼을 선택하고 [VIDEO mp4] 버튼을 터치합니다. 사용 동의 안내를 읽어본 후 [동의] 버튼을 터치합니다.

 저작권자가 허용한 동영상이나 음원만 다운로드해야 합니다. 다운로드한 파일은 영리 목적이 아닌 개인용으로 사용하세요.

05 [다운로드] 탭을 터치하여 다운로드 진행 상황을 확인할 수 있습니다. 동영상 다운로드가 완료되면 '100%'로 표시되므로 [동영상]을 터치하여 다운로드한 동영상을 확인합니다. 오프라인에서도 유튜브 영상을 감상할 수 있습니다.

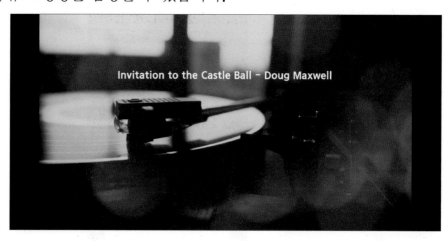

 잠깐

음원 파일로 동영상 다운로드하기

클립다운 앱에서 '저작권 없는 클래식'을 검색한 후 음원 파일로 다운로드할 영상을 선택하고 [AUDIO mp3] 버튼을 터치하여 다운로드합니다. [다운로드] 탭에서 다운로드가 완료된 [동영상]을 터치하면 하단에 미디어 플레이어가 실행되어 해당 음원 파일을 재생합니다.

01 유튜브( ) 앱에서 '스트레스 해소 명상'을 검색하여 영상 중 하나를 감상한 후 '좋아요'를 눌러 '좋아요 표시한 동영상' 목록에 추가해 봅니다.

02 클립다운( ) 앱에서 '저작권이 없는 팝송'을 검색하여 해상도 '360p의 mp4' 영상을 다운로드한 후 오프라인에서 재생해 봅니다.

08 간편하게 본인인증하기

- 인증서 이해하기
- PASS 앱 설치하기
- 인증서 발급
- 운전면허증 등록

미/리/보/기

인터넷을 이용하다 보면 특정 사이트의 아이디나 비밀번호를 잊어버릴 때가 있습니다. 아이디나 비밀번호를 찾을 때 본인인증을 받아야 하는데 만약 PASS 앱이 설치되어 있다면 간편하게 본인인증을 진행해 아이디나 비밀번호를 안내받을 수 있습니다. 국내선 공항을 이용할 때 깜박하고 신분증을 챙기지 못했을 경우에도 PASS 앱에 등록한 운전면허증으로 신분 확인을 받을 수 있습니다.

인증서 종류 알아보기

▶ 인증서란?

인증서는 생체인식이나 간편 인증번호로 본인 확인이 가능한 서비스이며 목적에 따라 여러 가지 종류의 인증서가 있습니다. 하나의 인증서를 여러 곳에서 사용할 수 있으면 좋겠지만 민간인증서 업체별 이해관계가 얽혀 있어 범용성이 보장되지 않아 모든 요건을 충족하는 완벽한 인증서는 아직 없습니다. 목적에 맞는 인증서를 선택하여 사용하는 것이 중요합니다.

인증서 종류

종류	인증 방법	단점	비고
공동인증서 (구, 공인인증서)	• 비밀번호 입력 • 은행 보안 비밀번호 입력	• 보안프로그램 설치 • 저장장치의 문제성 • 배포방식의 문제점 • 보안토큰 관리 불편	• 한국정보인증, 공공분야 시범 사업자 선정
금융인증서	• 비밀번호 입력 또는 지문, 패턴	• 은행프로그램을 설치한 사람만 사용 가능	• 은행 앱에서 발급 가능 • 은행업무에 유리
PASS	• 6자리 비밀번호 입력 또는 지문	• 본인 명의로 개통하지 않으면 사용 불가	• 공공분야 시범 사업자 선정
네이버페이	• 비밀번호 입력	• 네이버 비회원 사용 불가	• 다수의 제휴업체 확보
카카오페이	• 자동이체 출금 동의 • 6자리 비밀번호 입력	• 카카오톡 미사용자 불편 • 최초 접근성 불편	• 공공분야 시범 사업자 선정 • 다수의 제휴업체 확보
토스(Toss)	• 비밀번호 입력 또는 생체인식	• 이체 한도와 결제 한도 존재	• 인터넷뱅킹, 금융업무에 유리
KB 모바일 인증서	• 생체인식 또는 패턴 • 6자리 비밀번호 입력	• 파생 앱이 많고 속도가 느림	• 공공분야 시범 사업자 선정 • KB보험, 카드, 증권 저축은행 이용 가능

보안성은 PASS가 뛰어나고, 카카오페이와 네이버페이는 많은 사용자를 확보해 인지도가 높은 인증서입니다. 주목적이 금융거래일 경우 금융인증서나 공동인증서를 사용하는 것이 좋습니다. 어떤 인증서를 사용할 것인지는 개개인의 사용 목적과 사용처에 따라 다릅니다.

 PASS란?
PASS는 통신 3사(LG유플러스, SK텔레콤, KT)의 공동 사업으로 고객에게 전자서명을 제공하는 본인인증 앱입니다. PASS는 매번 시행해야 하는 본인인증 절차를 간소화하면서도 높은 보안 수준을 확보한 것이 특징이라 할 수 있습니다.

PASS 앱으로 인증하기

▶ PASS 앱 설치하고 회원가입하기

01 Play 스토어(▶) 앱을 실행합니다. 검색 창에 'pass'를 입력합니다. 목록에서 [PASS(PASS)] 앱을 선택한 후 [설치] 버튼을 터치하여 설치를 진행합니다. 설치가 완료되면 [열기] 버튼을 터치합니다.

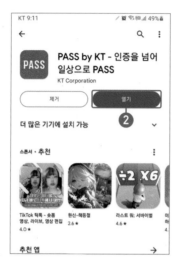

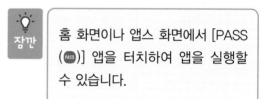

홈 화면이나 앱스 화면에서 [PASS (PASS)] 앱을 터치하여 앱을 실행할 수 있습니다.

02 PASS(PASS) 앱을 실행한 후 접근권한에 대한 허용이 필요하다는 화면의 [확인] 버튼을 터치합니다. PASS에서 전화를 걸고 관리하도록 허용하겠냐는 창의 [허용]을 터치하고, 계속해서 사진 기기 등의 권한을 허용하겠냐는 창에도 [허용]을 터치합니다.

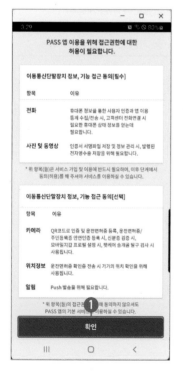
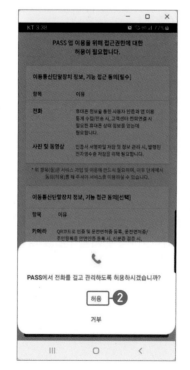

03 본인확인을 위해 잠시 모바일데이터에 연결해 달라는 안내 창의 [확인] 버튼을 터치합니다. 앱이 종료되면 모바일데이터에 연결한 후 다시 앱을 실행합니다. 회원가입 화면에서 이름, 주민등록번호, 통신사, 전화번호를 입력하고 [다음] 버튼을 터치합니다.

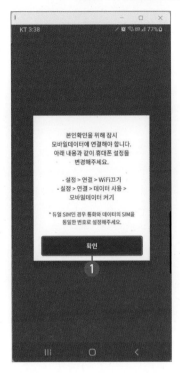
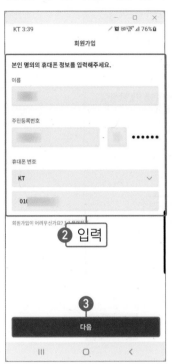

04 회원가입을 위한 동의는 필수 사항만 체크하고 [다음] 버튼을 터치합니다. 인증번호가 도착하면 인증번호를 입력하고 [확인] 버튼을 터치합니다.

05 비밀번호 설정 창에서 PASS 앱에서 사용할 **비밀번호를 입력**한 후 한 번 더 같은 비밀번호를 **입력**합니다. 설정한 PASS 비밀번호는 본인인증 시 입력하기 때문에 꼭 기억해 두어야 합니다.

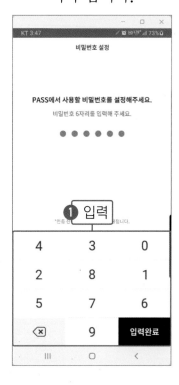
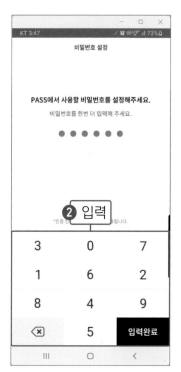

06 PASS 가입이 완료되었습니다. [지문등록] 버튼을 터치합니다. 지문인식 센서에 손가락을 올려 **지문을 등록**합니다. 지문을 등록해 두면 비밀번호 대신 지문을 통해 인증받을 수 있습니다. 지문을 등록하지 않으려면 ✕를 터치해 등록 창을 닫아 줍니다.

 잠깐

지문인식

스마트폰의 지문인식 센서에 본인의 지문을 인식시킵니다. 보통 검지 손가락의 지문을 등록해 놓습니다. 지문이 인식되면 지문 등록 창이 사라집니다. 스마트폰마다 지문인식 센서 위치는 다를 수 있습니다.

▶ PASS 인증서 발급받고 사용하기

인증서 발급받기

01 PASS 앱의 홈 화면에서 인증서를 발급받기 위해 [인증서 발급]을 터치합니다. 본인인증을 하기 위해 **이름과 전화번호를 입력**한 후 [다음] 버튼을 터치합니다.

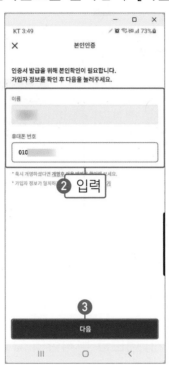

02 인증서 서비스 사용을 위한 동의가 필요하다는 창의 '전체 동의'에 체크하고 [다음] 버튼을 터치합니다. 등록한 비밀번호를 입력하거나 **지문으로 인증**을 받습니다.

03 더 안전한 이용을 위한 계좌인증을 진행합니다. 자주 사용하는 은행과 계좌번호를 입력한 후 [다음] 버튼을 터치합니다. 입력한 계좌로 1원이 입금되면 **입금자로 표시된 단어**를 입력한 후 [확인] 버튼을 터치합니다.

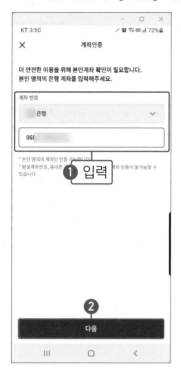

04 인증서 발급이 완료되면 [인증서 보기] 버튼을 터치하여 발급된 인증서를 확인합니다.

인증서 사용하기

01 연말정산을 확인하거나 지방세 등을 납부할 수 있는 국세청 손택스(😊) 앱을 실행합니다. 국세청 손택스 앱에서 PASS 인증서로 로그인할 수 있습니다. [로그인]을 터치한 후 [간편인증(민간인증서)]을 터치합니다. 민간인증서 선택 창에서 [통신사PASS]를 선택합니다. 이름, 생년월일 8자리, 통신사, 전화번호를 입력한 후 [다음] 버튼을 터치합니다.

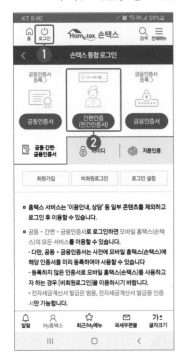

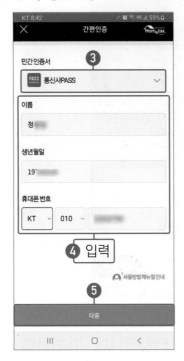

> **잠깐**
> 국세청 손택스 앱은 Play 스토어(▶) 앱에서 '국세청'이라고 검색한 후 '국세청 홈택스 [손택스]'의 [설치] 버튼을 터치하여 설치한 후 [열기] 버튼을 터치하여 [국세청 손택스(😊)] 앱을 실행합니다.

02 이용약관동의 창의 [모두 동의하고 인증요청] 버튼을 터치합니다. 'PASS 서명이 도착했습니다.'라는 알림 창이 나타나면 알림 창을 터치합니다

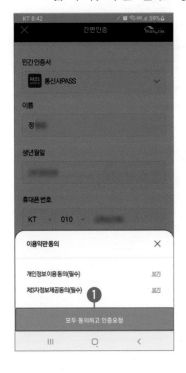

03 PASS 서명 요청 화면에서 '개인정보 제3자 정보제공 동의 (필수)'와 '연계정보(CI) 제3자 제공동의 (필수)'에 체크하고 [서명하기] 버튼을 터치합니다. 등록한 비밀번호를 입력하거나 지문으로 인증합니다.

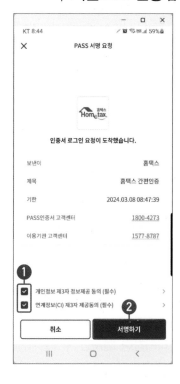 

04 인증 완료 화면에서 [확인] 버튼을 터치합니다. 간편인증 화면에서 [인증 완료] 버튼을 터치하면 국세청 손택스 앱에 로그인하게 됩니다.

▶ 모바일 운전면허증 등록하기

01 PASS 앱에 운전면허증을 등록하기 위해 [신분증을 모바일로 편리하게]를 터치한 후 [운전면허증] 탭을 터치합니다.

💡 **잠깐**

운전면허증 사용처

PASS 앱에 등록된 운전면허증은 도로교통공단에서 운전자를 확인할 때나 영화관, 편의점 등에서 성인인증을 할 때 사용할 수 있습니다. 또한 국내선 공항에서 탑승 수속을 할 때 신분증으로 사용할 수 있습니다. 신분 확인용으로 사용이 가능할 뿐 법적 효력을 갖지는 못합니다.

02 운전면허증 모바일 확인서비스 화면에서 필수 항목만 체크한 후 [이용동의] 버튼을 터치합니다. 인증 화면에 등록한 비밀번호를 입력하거나 지문으로 인증합니다. 실물 운전면허증을 준비한 후 [운전면허증 촬영하기] 버튼을 터치합니다.

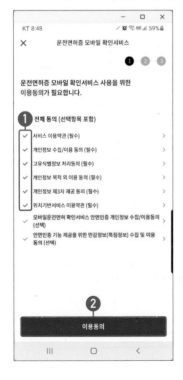  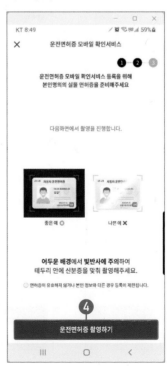

03 PASS에서 사진을 촬영하고 동영상을 녹화하도록 허용하겠냐는 창의 [허용]을 터치합니다. 실물 면허증의 앞면이 빨간색 선 안에 들어가게 배치하면 자동으로 촬영됩니다.

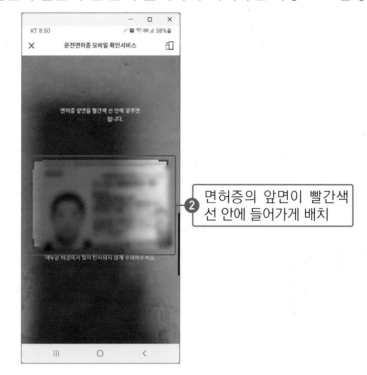

면허증의 앞면이 빨간색
선 안에 들어가게 배치

04 면허증 정보가 자동으로 인식되어 나타납니다. 실제 면허증 정보가 맞는지 확인하고 수정하거나 재촬영을 해야할 때는 [재촬영] 버튼을 터치하여 다시 촬영합니다. 정보가 정확하면 하단의 [등록완료] 버튼을 터치합니다. 다양한 사용처에서 모바일 신분증을 안정적으로 사용하기 위해 안면인증 등록을 진행해야 하므로 [등록하기] 버튼을 터치합니다.

 잠깐

운전면허번호는 신형과 구형이 다르므로 나의 운전면허번호 형식이 신형인지 구형인지 확인하고 제대로 선택합니다.

05 안면인증 등록을 위한 이용동의 창의 '전체 동의'에 체크한 후 [이용동의] 버튼을 터치합니다. 인증 화면에 **등록한 비밀번호를 입력**하거나 **지문으로 인증**합니다. 얼굴을 화면 안의 동그라미에 맞춘 후 눈을 깜빡이면 자동으로 촬영됩니다.

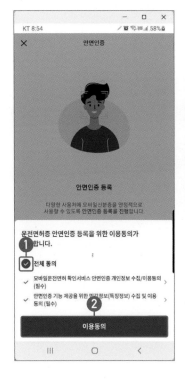

06 안면인증 후 등록된 운전면허증을 볼 수 있습니다. [상세보기]를 터치하면 운전면허번호, 주민등록번호, 적검/갱신기간, 발급일자 등 실물 운전면허증과 동일한 내용을 확인할 수 있습니다. 스마트폰을 흔들면 주민등록번호 뒷자리까지 볼 수 있습니다.

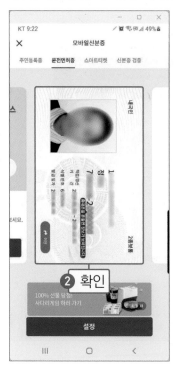

01 PASS(PASS) 앱을 실행한 후 인증서의 인증내역을 확인해 봅니다.

02 PASS(PASS) 앱을 실행한 후 [모바일지갑] – [내 문서함 만들기]를 터치합니다. 서비스 약관에 동의하면 모바일지갑 화면이 나타납니다. [정부 전자문서지갑]의 [+발급하기] 버튼을 터치해 주민등록등본을 종이가 아닌 전자문서로 발급받아 봅니다.

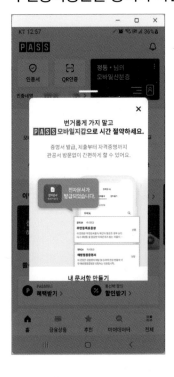

09 집에서 처리하는 은행 업무

- 모바일 뱅킹 앱 이해하기
- 카카오뱅크 앱 설치하기
- 카카오뱅크 앱 가입하기
- 내 계좌 개설하기
- 다른 금융 계좌 가져오기
- 이체하기

미/리/보/기

모바일 뱅킹 앱을 사용하면 은행에 방문하지 않고 다른 사람에게 돈을 이체할 수 있습니다. 스마트폰으로 은행 업무를 보기 위해서는 은행에서 공인인증서를 발급받아야 하지만 카카오뱅크 앱을 사용하면 간편 인증번호만으로 쉽고 빠르게 은행 거래를 할 수 있습니다. 카카오뱅크 앱은 기존에 자주 사용하던 계좌에서 돈을 가져와 다른 사람에게 이체할 수 있어 편리합니다.

01 모바일 뱅킹 앱

▶ 대부분의 은행 업무가 가능한 모바일 뱅킹

요즘에는 꼭 은행을 방문하지 않아도 현금을 인출하거나 직접 입금하는 등의 업무를 제외한 계좌 조회, 송금 서비스, 신용등급 조회, 대출 서비스 등 대부분의 은행 업무를 스마트폰으로 빠르고 간편하게 처리할 수 있습니다. 특히 코로나19 이후 비대면 거래가 급증하면서 많은 사람이 모바일 뱅킹 앱을 사용해 은행 업무를 보고 있습니다.

인터넷 뱅킹은 여러 가지 보안 프로그램을 설치해야 하기 때문에 인터넷에 익숙하지 않은 분들이 사용하기에는 어려움이 있습니다. 하지만 모바일 뱅킹 앱은 비교적 간단한 절차를 거친 후 사용할 수 있습니다. 모바일 뱅킹 앱으로는 은행별 뱅킹 앱, 카카오뱅크 앱, 토스 앱 등이 있으며 사람들은 주로 주거래 은행의 뱅킹 앱이나 간편한 카카오뱅크 앱을 사용하고 있습니다.

▲ KB스타뱅킹 앱

▲ 우리WON뱅킹 앱

▲ 카카오뱅크 앱

02 계좌 개설 및 이체하기

▶ **카카오뱅크 앱 설치하고 내 계좌 개설하기**

카카오뱅크 앱 설치하고 시작하기

01 Play 스토어(▶) 앱을 실행합니다. 검색 창에 '카카오뱅크'를 입력합니다. '카카오뱅크'의 [설치] 버튼을 터치하여 설치를 진행합니다. 설치가 완료되면 [열기] 버튼을 터치합니다.

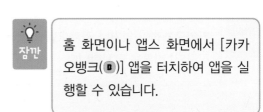

홈 화면이나 앱스 화면에서 [카카오뱅크(ⓑ)] 앱을 터치하여 앱을 실행할 수 있습니다.

02 카카오뱅크(ⓑ) 앱을 실행한 후 [동의하고 시작하기] 버튼을 터치합니다. 전화와 위치 정보에 액세스하도록 허용하겠느냐는 창에는 각각 [허용]을 터치합니다.

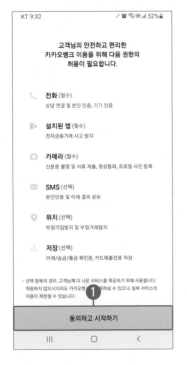

121

03 카카오톡에 가입되어 있는 경우 [카카오계정으로 시작하기] 버튼을 터치합니다. 카카오
뱅크 약관의 필수 사항에 체크한 후 [동의하고 계속하기] 버튼을 터치합니다.

 카카오계정이 없거나 카카오뱅크 앱에 가입한 이력이 있는데 기기를 변경한 경우에는 [휴대폰번호로 시
작하기] 버튼을 터치합니다.

04 '약관 및 필수동의'에 체크한 후 [카카오뱅크 시작하기] 버튼을 터치합니다. 광고성 정보
수신 동의 안내를 받겠냐는 창에는 [아니요] 버튼을 터치합니다.

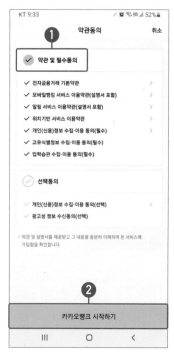
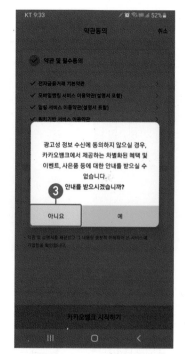

내 계좌 개설하기

01 카카오뱅크 앱의 홈 화면이 나타납니다. 계좌를 개설하기 위해 [계좌 개설하기]를 터치 합니다. 카카오뱅크 입출금통장을 신청하기 위해 [신청하기] 버튼을 터치합니다.

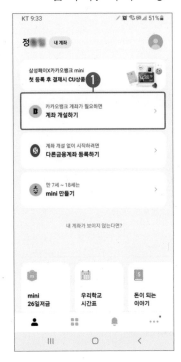
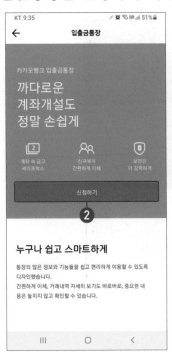

02 실명정보 확인을 위해 이름과 주민등록번호를 입력한 후 [확인] 버튼을 터치합니다. 휴 대폰 본인확인 화면에서 '약관 전체동의'에 체크하고 통신사, 전화번호를 입력한 후 [인증 요청] 버튼을 터치합니다. 인증번호를 입력하고 [확인] 버튼을 터치합니다.

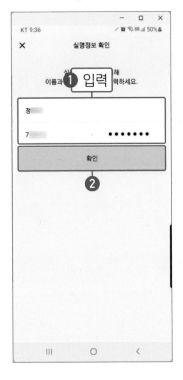
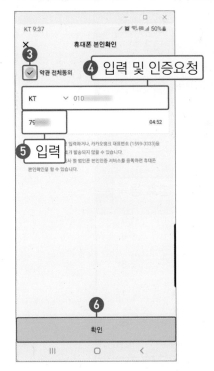

03 카카오뱅크에서 이용할 인증 수단을 등록하는 화면의 [다음] 버튼을 터치합니다. 빠른 로그인, 이체를 위해 지문인증을 사용할 것인지 묻는 화면에서 [사용하기] 버튼을 터치한 후 지문인식 센서에 손가락을 올려서 지문을 등록합니다.

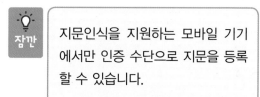

지문인식을 지원하는 모바일 기기에서만 인증 수단으로 지문을 등록할 수 있습니다.

04 패턴 등록 화면이 나타나면 패턴을 그려 등록하고 다시 한 번 동일한 패턴을 그려 등록합니다. 이체 및 모든 금융거래 시 사용할 인증 비밀번호를 등록하는 화면에 인증 비밀번호를 입력한 후 다시 한 번 동일한 인증 비밀번호를 입력합니다.

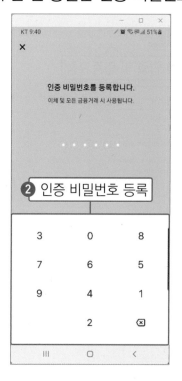

05 입출금통장 개설 화면의 [다음] 버튼을 터치합니다. 고객정보 입력 화면에서 **영문이름**, **집 주소, 직업**을 입력하고 우편물 수령지는 **집**으로 체크한 후 [다음] 버튼을 터치합니다. 거래목적과 자금출처를 설정하고 카카오뱅크와 거래하는 금융상품이 본인 소유인지, 대한민국 납세의무가 있는지에 관한 질문에는 모두 '예'를 체크한 후 [다음] 버튼을 터치합니다.

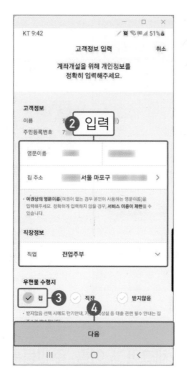
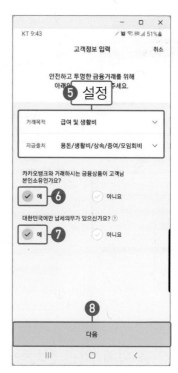

06 [카카오뱅크 입출금통장 상품설명서]를 터치하여 읽어본 후 '상품 이용약관' 등에 체크합니다. 화면을 아래에서 위로 스크롤하여 [다음] 버튼을 터치합니다. 상품의 중요사항을 충분히 이해했냐는 창의 [확인했어요] 버튼을 터치합니다.

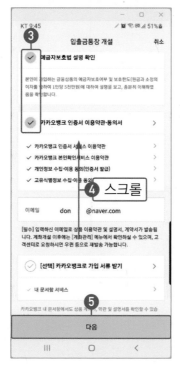
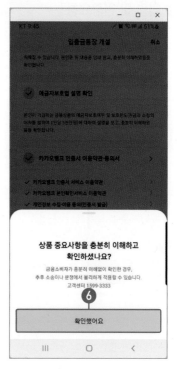

07 통장 비밀번호를 입력하고 통장의 사용 용도를 설정한 후 질문사항에 '아니요'를 체크합니다. 화면을 아래에서 위로 스크롤하여 이체한도 안내에 대한 내용을 읽어 보고 '위 안내에 대해 확인하고 이해합니다.'에 체크한 후 [다음] 버튼을 터치합니다.

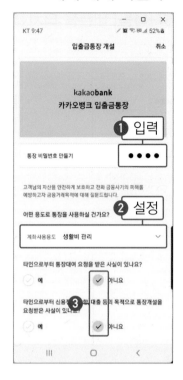
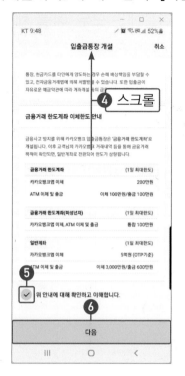

카카오뱅크 최대 이체한도

카카오뱅크 입출금통장을 처음 개설하였을 경우 1일 최대 이체한도는 200만원입니다. 만약 서류를 준비하여 한도계좌 해지 신청을 하면 일반계좌로 전환되어 1일 이체 가능 금액이 최대 5억원까지 가능합니다.

08 본인확인을 위해 '약관 전체동의'에 체크하고 이름, 주민등록번호, 통신사, 전화번호를 입력한 후 [인증요청] 버튼을 터치합니다. 인증번호를 입력한 후 [확인] 버튼을 터치합니다. 추가로 진행할 본인확인 방법 중 '다른 은행 계좌'를 선택하고 [다음] 버튼을 터치합니다.

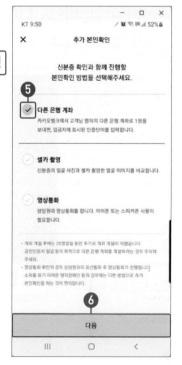

09 신분증을 제출하기 위해 [주민등록증/운전면허증]을 터치합니다. 카카오뱅크에서 사진 촬영하는 것을 허용하겠냐는 창의 [허용]을 터치합니다. 촬영 유의사항 창의 내용을 읽어본 후 [확인] 버튼을 터치합니다.

10 영역 안에 신분증이 꽉 차게 배치하면 자동으로 촬영됩니다. 자동으로 인식된 신분증 정보를 확인한 후 [다음] 버튼을 터치합니다. 신분증 정보가 다를 경우 [재촬영] 버튼을 터치하여 다시 촬영합니다.

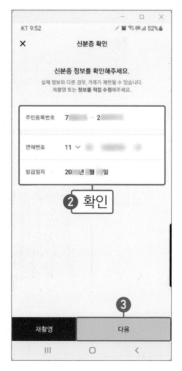

11 추가로 본인확인을 진행하기 위해 본인의 이름으로 개설한 다른 은행 계좌를 입력하고 [다음] 버튼을 터치합니다. 입력한 계좌로 1원이 입금되면 보낸사람 앞 4글자를 입력한 후 [확인] 버튼을 터치합니다.

12 타행계좌가 확인되었다는 알림 창의 [확인] 버튼을 터치합니다. 인증 비밀번호를 입력합니다. 입출금통장 개설완료 창의 ✕를 터치하면 카카오뱅크 앱 홈 화면에 개설한 입출금통장이 나타납니다.

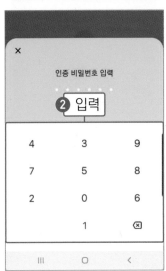

 개설한 입출금통장과 연동된 체크카드를 신청하려면 [체크카드 신청하러 가기] 버튼을 터치한 후 안내되는 순서대로 신청을 진행합니다. 카카오뱅크 체크카드를 신청하면 신청 완료 후 평일 기준 1~2주 내에 본인이 입력한 주소지로 카드를 받을 수 있습니다.

▶ 다른 계좌에서 돈 가져오고 이체하기

가져오기

01 새롭게 개설한 계좌이기 때문에 잔액이 '0원'입니다. 원래 사용하던 계좌에서 돈을 가져
오기 위해 개설된 [통장]을 터치합니다. [가져오기] 버튼을 터치합니다.

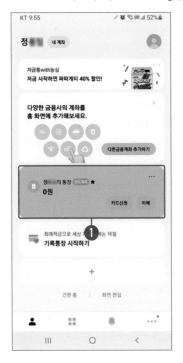

 잠깐

카카오계정 연결하기

카카오뱅크를 카카오계정이 아닌 휴대폰 번호로 시작한 경우에는 다른 계좌에서 돈을 가져올 수 없습니
다. 카카오계정을 연결하기 위해서는 하단 메뉴 중 [⋯]를 터치하여 오른쪽 상단의 [앱설정] 버튼을 터치
합니다. 연결된 계정 메뉴에서 [카카오계정] – [연결안됨]을 터치한 후 [카카오계정 연결하기] 버튼을 터
치하면 본인의 카카오계정과 연결할 수 있습니다.

02 카카오뱅크 계좌로 잔액을 가져올 다른 금융계좌를 등록할 것이냐는 창의 [등록하기] 버튼을 터치합니다. 카카오뱅크 앱에서 내 계좌를 모아볼 수 있다는 설명을 읽어본 후 [시작하기] 버튼을 터치합니다.

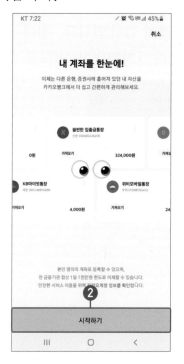

카카오뱅크를 이용할 경우 카카오뱅크 계좌 간 이체 수수료는 무료입니다. 그 외 다른 은행으로 이체하는 경우에는 카카오뱅크 정책에 따라 면제로 제공되고 있으나 추후 정책 변경에 따라 수수료가 부과될 수 있습니다.

03 카카오뱅크 서비스 제공을 위한 개인정보 제공 창에서 필수 항목에 체크한 후 [동의하고 계속하기] 버튼을 터치합니다. 다른금융계좌 등록 화면에서 '약관 전체동의'에 체크하고 체크하면 열리는 오픈뱅킹 서비스 이용약관을 읽어본 후 [확인] 버튼을 터치합니다. 입력된 전화번호와 이메일을 확인한 후 [다음] 버튼을 터치합니다.

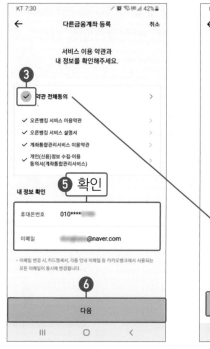

04 내가 사용하는 다른 금융계좌 목록이 나타납니다. 카카오뱅크로 가져올 은행 계좌를 체크한 후 [다음] 버튼을 터치합니다. 등록할 계좌의 이용약관에 동의하기 위해 '약관 전체동의'를 체크하고 이용약관에 대해서 읽어본 후 [확인] 버튼을 터치합니다. [다음] 버튼을 터치하면 계좌등록 완료 화면이 나타납니다. [확인] 버튼을 터치합니다.

05 가져올 계좌 선택 창에서 등록한 계좌를 선택합니다. 가져올 금액을 입력한 후 [다음] 버튼을 터치합니다.

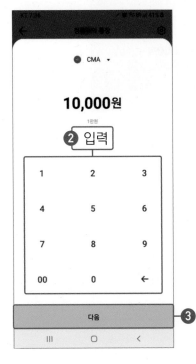

 금융결제원 방침에 따라 오픈 뱅킹 최초 등록 시 다른 금융 계좌에서 3일간 이체가 제한됩니다.

06 등록한 계좌에서 입력한 금액만큼 가져오겠냐는 창의 '내 계좌로 빠른 이체하기'에 체크한 후 [가져오기] 버튼을 터치합니다. 빠른 이체를 위해 지문인증 창이 나타나면 지문인식 센서에 손가락을 올려 지문을 인증합니다.

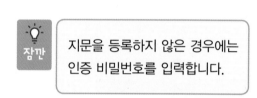

잠깐 💡 지문을 등록하지 않은 경우에는 인증 비밀번호를 입력합니다.

07 가져오기 완료 창의 [확인] 버튼을 터치하면 카카오뱅크 통장에 입금된 금액이 표시됩니다.

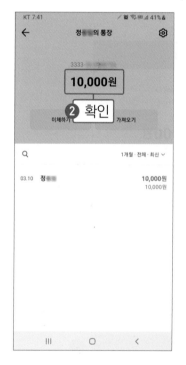

이체하기

01 카카오뱅크 통장의 [이체하기] 버튼을 터치합니다. [계좌번호] 탭이 선택된 상태에서 하단의 [+계좌번호 직접입력] 버튼을 터치합니다.

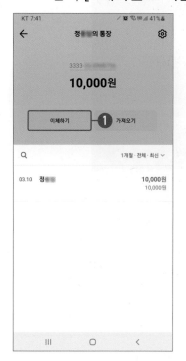
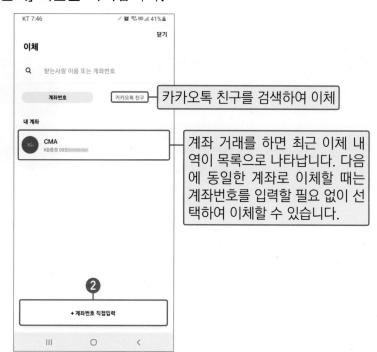

카카오톡 친구를 검색하여 이체

계좌 거래를 하면 최근 이체 내역이 목록으로 나타납니다. 다음에 동일한 계좌로 이체할 때는 계좌번호를 입력할 필요 없이 선택하여 이체할 수 있습니다.

02 이체할 은행을 선택합니다. 계좌번호를 입력하고 [확인] 버튼을 터치합니다.

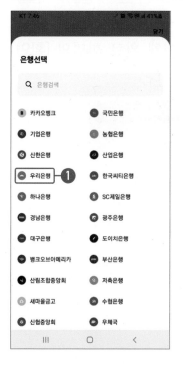
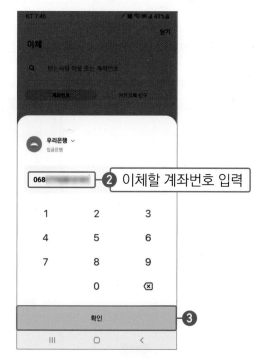

이체할 계좌번호 입력

03 이체할 금액을 입력하고 [다음] 버튼을 터치합니다. '받는 분에게 표기'와 '나에게 표기'를 설정한 후 [다음] 버튼을 터치합니다. 이체 확인 창의 [이체하기] 버튼을 터치합니다.

 '받는 분에게 표기'와 '나에게 표기'는 각각 선택하여 변경할 수 있습니다. 변경하지 않으면 '받는 분에게 표기'에는 통장의 예금주명이 입력되고, '나에게 표기'에는 수취인명이 입력됩니다.

04 등록한 비밀번호를 입력하거나 지문을 인증하여 이체합니다. 이체 완료 화면의 [확인] 버튼을 터치합니다. 카카오뱅크 계좌의 잔액을 확인할 수 있습니다.

  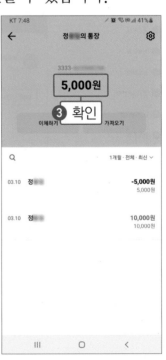

응용력 키우기

01 카카오뱅크(B) 앱에서 카카오톡 친구에게 '1000원'을 이체해 봅니다.

 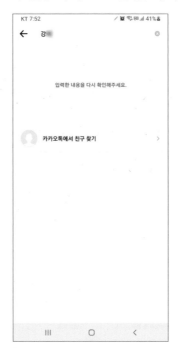 

> **힌트** 이체 화면에서 [카카오톡 친구] 탭을 선택하여 [카카오계정 연결하기] 버튼을 터치합니다. 절차대로 동의한 후 카카오톡 친구 목록이 나타나면 이체할 친구의 이름을 검색하여 이체합니다.

02 카카오뱅크(B) 앱으로 가져오기한 다른 금융 계좌로 '1000원'을 이체해 봅니다.

10 모바일 쇼핑

- ▪ 네이버쇼핑에서 상품 검색
- ▪ 네이버페이 회원가입
- ▪ 네이버페이 카드 등록
- ▪ 상품 결제
- ▪ 주문 취소

미 / 리 / 보 / 기

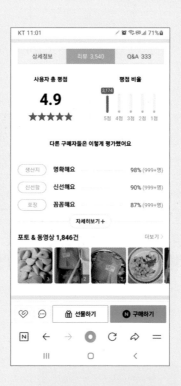

최근에는 모바일 앱으로 쇼핑하는 사람이 많아지고 있습니다. 네이버 앱의 네이버쇼핑에서는 검색 필터를 통해 본인이 원하는 조건으로 상품을 검색한 후 구매할 수 있습니다. 네이버 앱의 결제 수단인 '네이버페이'에 회원가입한 후 카드를 등록하여 쇼핑하는 방법을 알아보겠습니다.

▶ 다양한 모바일 쇼핑 앱

이전에는 컴퓨터를 통해 인터넷 쇼핑을 하는 사람이 많았지만 요즘에는 대부분 스마트폰의 다양한 쇼핑 앱에서 쇼핑을 하는 편입니다. 같은 물건이라도 '쿠팡'과 같은 모바일 앱에서 더 저렴하게 구매할 수 있고, 물건을 구매하면 집 앞까지 배송해 주는 편리함이 있어 모바일 앱으로 쇼핑하는 사람들이 늘어나고 있습니다. 농수산물과 같은 신선 식품도 온라인에서 구매하는 것이 직거래로 판매하는 농어민의 수익도 크고, 신선한 상품이 집 앞까지 배송되어 편리합니다.

하지만 우후죽순 생겨나는 개인 스토어들에 의해 쇼핑 사기를 당할 수 있기 때문에 믿을 수 있는 쇼핑몰에서 상품을 구입하는 것이 좋습니다. 네이버쇼핑의 경우 네이버 아이디만 있으면 누구나 쇼핑몰을 개설할 수 있고, 다양한 쇼핑몰의 상품을 한 번에 비교할 수 있어 좋은 물건을 저렴하게 구매할 수 있습니다.

▲ 네이버 앱의 네이버쇼핑

▲ 쿠팡 앱

▲ SSG 앱

02 맞춤 쇼핑하기

▶ 나에게 맞는 상품 검색하기

01 홈 화면이나 앱스 화면에서 네이버(N) 앱을 실행합니다. 로그인하기 위해 ☰를 터치하고 [로그인하세요>]를 터치합니다.

02 네이버 계정으로 로그인한 후 검색 창에 '마늘'을 입력하여 검색합니다.

03 '마늘'에 대한 검색 결과가 나타납니다. 카테고리 중에서 [쇼핑] 탭을 터치합니다. 검색한 상품의 목록이 나타납니다.

04 상단에 '마늘'과 관련된 연관 상품과 키워드추천이 제공됩니다. 키워드추천 중에서 [의성마늘]을 선택하면 '의성마늘'과 관련된 상품만 검색됩니다. 중간 부분의 필터 항목 중 [가격] – [2만원 ~ 3만원]을 터치하여 사고자하는 상품의 가격대를 설정합니다. '2만원 ~ 3만원'대의 '의성마늘'만 네이버 랭킹순으로 검색됩니다.

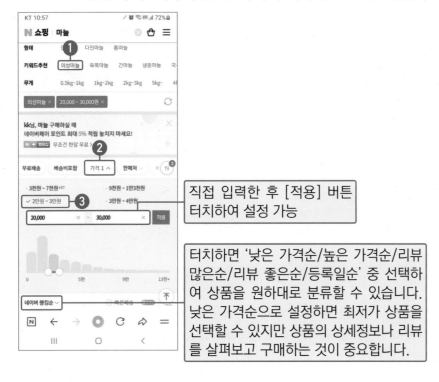

▶ 네이버페이 회원가입하기

01 검색 목록에서 가 표시된 상품 중 하나를 터치합니다. 상품에 대해 자세히 살펴본 후 [구매하기] 버튼을 터치합니다.

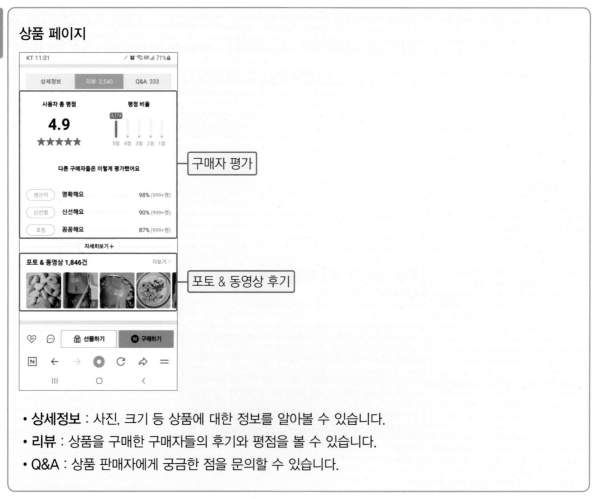

상품 페이지

- **상세정보** : 사진, 크기 등 상품에 대한 정보를 알아볼 수 있습니다.
- **리뷰** : 상품을 구매한 구매자들의 후기와 평점을 볼 수 있습니다.
- **Q&A** : 상품 판매자에게 궁금한 점을 문의할 수 있습니다.

02 상품을 꼼꼼히 살펴본 후 마음에 들면 **옵션선택** 창의 ∨를 터치하여 **구매할 상품**을 선택하고 [장바구니 담기] 버튼을 터치합니다. 네이버페이 회원가입 후 이용하라는 창의 [확인]을 터치합니다.

03 본인 인증을 하기 위해 [본인 휴대전화]를 선택한 후 '개인정보 수집 및 이용 동의'에 체크하고 [동의합니다.] 버튼을 터치합니다. 접근 권한 안내 창의 [확인] 버튼을 터치합니다. 네이버에서 전화를 걸고 관리하도록 허용하겠냐는 창에도 [허용]을 터치합니다.

 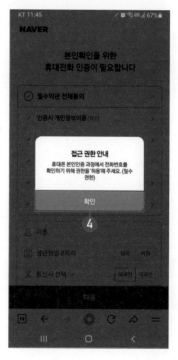 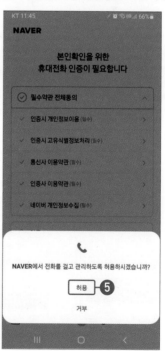

04 '필수약관 전체동의'에 체크한 후 이름, 생년월일 8자리, 성별, 통신사, 내국인, 전화번호를 입력하고 [확인] 버튼을 터치합니다. 인증번호를 입력하고 [다음] 버튼을 터치합니다. 인증 완료되었다는 창의 [확인]을 터치합니다.

05 본인확인 성공 화면의 [확인] 버튼을 터치합니다. 네이버페이를 시작하기 위한 필수 약관을 체크하고 [서비스 시작하기] 버튼을 터치합니다. 이벤트 정보 알림 수신 창에는 [다음에 하기]를 터치합니다.

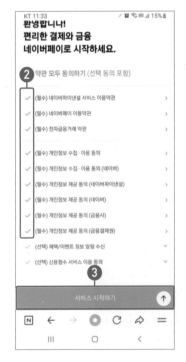

▶ 네이버페이로 결제하기

01 옵션으로 선택한 마늘을 구매하기 위해 [장바구니 담기] 버튼을 터치합니다. 장바구니로 이동하겠냐고 묻는 창이 나타나면 [확인]을 터치합니다.

쇼핑할 때 여러 상품을 한 번에 구매하기 위해서는 장바구니에 담아 두는 것이 좋습니다.

02 장바구니 안에 있는 전체 상품을 구매하기 위해 [주문하기] 버튼을 터치합니다. 주문/결제하기 화면으로 이동하면 배송지를 등록하기 위해 [+ 등록하기] 버튼을 클릭합니다.

장바구니에 담긴 전체 상품을 구매할 수도 있고, 원하는 상품만 선택하여 구매할 수도 있습니다.

03 받는 이, 연락처를 입력하고 배송지명에서 '집'을 선택한 후 [주소검색] 버튼을 터치하여 본인의 집 주소를 검색합니다. 아래쪽에 상세 주소를 입력한 후 [저장하기] 버튼을 터치 합니다. '안심번호 사용'에 체크하고 설정한 주소가 입력된 것을 확인합니다.

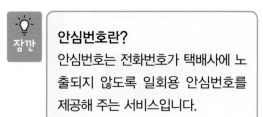

안심번호란?
안심번호는 전화번호가 택배사에 노출되지 않도록 일회용 안심번호를 제공해 주는 서비스입니다.

04 화면을 아래에서 위로 스크롤하고 결제수단을 등록하기 위해 'Npay 간편결제'를 선택한 후 [+ 등록하기] 버튼을 터치합니다. 등록 수단 선택 창에서 [+ 카드 등록하기]를 터치합 니다.

05 녹색 사각형 안에 카드를 꽉 차게 배치하면 자동으로 스캔됩니다. 스캔이 완료되면 [확인] 버튼을 터치합니다. 스캔이 되지 않으면 [다시 스캔하기]를 터치하여 스캔하거나 숫자 영역을 터치해 정보를 수정합니다. 네이버페이의 비밀번호를 설정하라는 안내 창의 [확인] 버튼을 터치합니다.

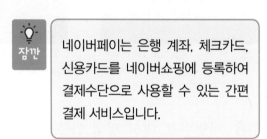

네이버페이는 은행 계좌, 체크카드, 신용카드를 네이버쇼핑에 등록하여 결제수단으로 사용할 수 있는 간편 결제 서비스입니다.

06 본인 확인 방법 선택 화면에서 [ARS 본인 확인]을 선택하고 [다음] 버튼을 선택합니다. 네이버파이낸셜 본인 휴대전화 ARS 인증 화면에서 '통신사/인증사 약관에 모두 동의합니다.'에 체크하고 이름, 내국인, 성별, 생년월일 8자리, 통신사, 전화번호를 입력한 후 [인증] 버튼을 터치합니다. ARS로 받은 인증번호를 입력하고 [확인] 버튼을 터치합니다.

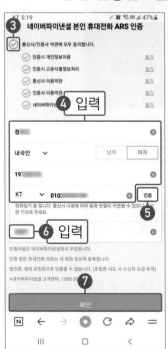

07 네이버페이에서 사용할 비밀번호 6자리를 입력합니다. 다시 한 번 설정한 비밀번호를 입력한 후 네이버페이 비밀번호가 설정되었다는 창의 [확인] 버튼을 터치합니다.

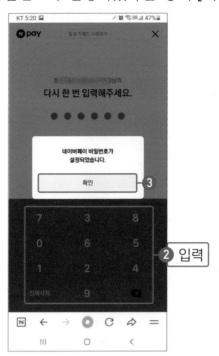

08 비밀번호 대신 생체 인증을 사용하겠냐는 창의 [확인] 버튼을 터치합니다. 지문을 인식시켜 달라는 창이 나타나면 **지문인식 센서에 손가락을 대어 지문을 등록**합니다.

 카드 간편결제를 비밀번호로만 설정하려면 [취소]를 터치하고 지문을 등록하지 않아도 됩니다.

09 카드정보가 입력된 화면에서 CVC 번호와 카드 비밀번호의 앞 두 자리를 입력하고 '전체 약관 동의'에 체크한 후 [완료] 버튼을 터치합니다. 네이버페이에 카드를 등록하여 주문서 가 새로고침되었다는 창이 나타나면 [확인]을 터치하고 카드가 등록된 것을 확인합니다.

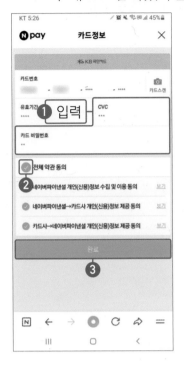
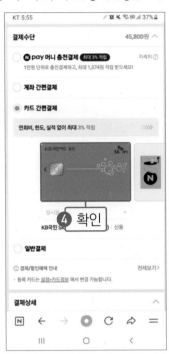

10 주문서를 확인하고 화면을 아래에서 위로 스크롤한 후 [결제하기] 버튼을 터치합니다. 네 이버페이 간편결제에 지문을 등록했기 때문에 지문인식만으로 결제가 진행됩니다.

 잠깐 네이버페이 간편결제에 지문을 등록하지 않은 경우 비밀번호 입력 창이 나타납니다.

▶ 주문 확인하고 취소하기

01 결제가 완료되면 주문완료 화면이 나타납니다. 주문완료 화면에서 주문 사항을 다시 한 번 확인합니다. 화면을 아래에서 위로 스크롤하여 [구매내역 보기] 버튼을 터치합니다.

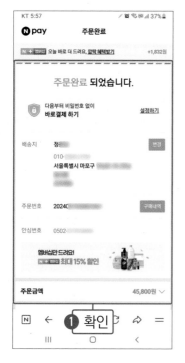

 잠깐

네이버 홈 화면 왼쪽 상단의 를 터치합니다. 하단의 [결제]를 터치하고 상단의 [결제내역] 탭을 터치하면 [취소요청], [배송지변경], [영수증조회] 등이 가능합니다.

02 주문을 취소하기 위해 [취소요청] 버튼을 터치한 후 취소 요청 사유 항목 중 하나를 선택합니다. 예제에서는 [주문 실수] 버튼을 선택합니다.

잠깐

- **전화걸기** : 판매자에게 전화를 걸어 문의할 수 있습니다.
- **문의하기** : 판매자에게 글을 남겨 문의할 수 있습니다.
- **톡톡하기** : 판매자에게 대화를 걸어 문의할 수 있습니다.

03 상세 사유 입력란에 **취소 사유**를 입력하고 [취소 신청하기] 버튼을 터치합니다. 환불 처리가 완료되었다고 안내되고 시간이 지나면 결제한 카드로 환불 처리됩니다.

01 네이버쇼핑에서 '85인치 TV'를 검색한 후 'QLEDTV', '1등급' TV 중 최저가 상품을 검색해 봅니다.

02 네이버쇼핑에서 '새우'를 검색한 후 '흰다리새우', '튀김용새우', '1만원 ~ 2만원'으로 상세 조건을 설정하여 네이버페이로 상품을 구매해 봅니다. (단, 옵션은 자유롭게 선택합니다.)

할수있다!

스마트폰 활용

초 판 발 행	2024년 04월 04일
발 행 인	박영일
책 임 편 집	이해욱
저　　　자	정동임
편 집 진 행	정민아
표지디자인	김도연
편집디자인	김세연
발 행 처	시대인
공 급 처	(주)시대고시기획
출 판 등 록	제 10-1521호
주　　　소	서울시 마포구 큰우물로 75 [도화동 538 성지 B/D] 6F
전　　　화	1600-3600
홈 페 이 지	www.sdedu.co.kr

I S B N	979-11-383-6892-6(13000)
정　　　가	12,000원

시대인은 종합교육그룹 (주)시대고시기획 · 시대교육의 단행본 브랜드입니다.